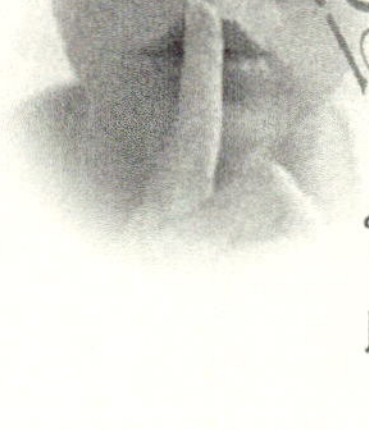

¡Ssssssshhhhhhhhhhh!

Haz del teatro algo íntimo

Llévalo siempre en el bolsillo

Cubierta y diseño editorial: Éride, Diseño Gráfico
Dirección editorial: ángel jiménez

Primera edición: febrero, 2025

almas

Espronceda, 5
28003 Madrid

VdB

ISBN: 978-84-19850-86-7
Depósito Legal: M-3601-2025
Diseño y preimpresión: Éride, Diseño Gráfico

fotocopiar o escanear algún fragmento de esta obra.

almas

Obra finalista del certamen Secuencia 3
de textos teatrales 2024

© J.M. Paisano

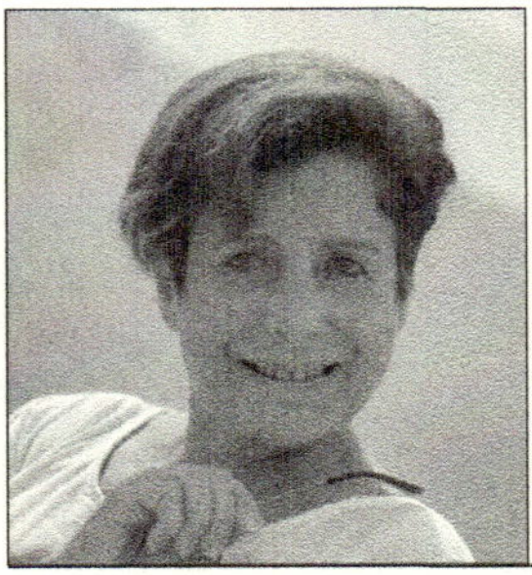

Pepe Bablé Neira

Director de escena, actor, gestor, iluminador escénico y autor. Director del teatro La Tía Norica, del grupo Albanta y, hasta 2019, del Festival Iberoamericano de Teatro de Cádiz (FIT). Miembro de la Academia Española de las Artes Escénicas, de la Asociación de Directores de Escena de España, y de la Academia de las Artes Escénicas de Andalucía. Como director de escena, entre sus espectáculos más recientes se encuentran *Flores arrancadas a la niebla*, *Cádiz en mi corazón. Postales de un viaje imposible*, *Bendita Gloria*, *Ellas*, *Mariquita aparece ahogada en una cesta*, *En tu divino laberinto*, *Fragmentos de mujer rota. Medea descarnada* y *La Ternura*. Como actor ha trabajado en muchos espectáculos y ha participado en varios cortometrajes. Es autor de los textos: *Los ojos*, *El dragón de tres cabezas*, *Sonata funesta*, *Teatrolandia*, *Jornada de la humillación*, *Batillo Cicerone*, *Pimpi de Cái* y *El Sueño*...

Isabel Sánchez González

Trabajadora Social en Hospital de San Carlos de San Fernando desde 1988 a 2022. Su formación teatral pasa por la academia «Juana la Loca», la Asociación de Teatro Amateur «Odisea Compañía Teatral», donde interpretó *Diálogo con una muñeca idiota* de Chatono Contreras, y la UCA.

Almas es su primer encuentro con el teatro como autora. *Las mujeres de Adán* es su segunda obra. Actualmente está escribiendo dos textos *La otra lluvia* y *El viaje de mi hijo*. Reconoce que prefiere escribir y la dirección escénica mucho más que la interpretación.

Pepe Bablé Neira
Isabel Sánchez González

almas

Obra finalista del certamen Secuencia 3
de textos teatrales 2024

VdB

A modo de prólogo de una obra de teatro...

A veces los personajes de una obra de teatro cuando se cierra el telón, y antes de regresar al texto, se quedan un rato en el escenario a oscuras cambiando impresiones entre ellos. Comentan lo realizado tan cansados como los actores y las actrices que a esas horas ya han salido del teatro hacía sus casas o están tomando algo en alguna pizzería todavía abierta. Y otras veces solo guardan silencio.

Y nos da mucha ternura imaginarlos así cuando ellos son los verdaderos artífices de la obra. «Esto es pura rutina», dice uno de ellos, el más joven, estirando los brazos y las piernas como si le faltara espacio...

«Cómo me gustaría que, después de siglos, hubieras aprendido a apreciar lo que hay fuera del texto», contesta el personaje mayor con un cigarrillo en la boca. «¿Tú sabes cuántos se quedan en esa ‹rutina›, como tú la llamas, sin averiguar lo que hay fuera de esos párrafos?». El joven calla. No. Ya no toca discutir. Ya no.

Como creador/a de esta obra que tiene en sus manos, nos encanta imaginar cómo los personajes se quitan las chaquetas, las botas y se sientan en el mismo escenario que ha sido creado para representar la obra que les pertenece más que a nadie.

Porque ¿de quién es sino de ellos?

¿Qué sería del teatro si no existieran los personajes? Sí, esos que brotan trazo a trazo en hojas de papel o en pantallas de ordenador y mañana donde ni podemos ni queremos imaginar, y que comandan la obra porque son el alma del teatro.

Esos que suponemos mirando al vacío preguntándose cuándo será la próxima representación y sabiendo que tienen que estar siempre dispuestos, aun desconociendo cuándo descansarán o la hora a la que tienen que estar dispuestos a permitir que otra persona se apodere de ellos. ¿O quizá sea al revés y son ellos los que realmente se apropian de otros cuerpos? Pero que importa. De una forma u otra, lo principal es que se haga de tal manera que el espectador salga de la sala con los ojos llenos de teatro y con la cabeza repleta de cuestiones, o con los ojos vacíos pero preguntándose ¿qué he visto?; ¿qué he entendido?; ¿cuántas horas me llevará saborear y digerir lo que se acaba de originar ahí justo delante de mí?; ¿qué es esto que me ha hecho sentir de esta manera?; ¿de qué magia está hecho el teatro?; ¿si mañana vengo otra vez volverá a ocurrir lo mismo y a la misma hora y en el mismo teatro?

Preguntas la mayoría sin respuestas porque nada, absolutamente nada será igual. Porque esos personajes, interpretados por los mismos actores o por las mismas actrices, como no han sido realizados en serie ni son simples números en las páginas de un libro de álgebra, aunque aparentemente representen hallarse en el mismo momento de todos los días, parecerán estar en un instante diferente y habitando otros tiempos distintos en cada hora y minutos que dure la función.

Almas es una obra de personajes y está basada en el relato *La tapia*, ideado por uno de sus autores, que trata sobre una relación tan complicada como la vida de la persona que intenta vivirla, haciendo solo el daño que ella misma pueda recibir y sufrir.

La tapia la habita solo un personaje: Calicha, un ser atormentado por descubrir el sentido a una vida ajena que sacrificó la suya para lograrlo; Calicha, un trozo de cal que vivió aferrado a la pared para conseguir tejer su propia tela de araña hasta que la podredumbre lo venció y lo hizo caer al suelo.

Calicha, un personaje que nos llegó a doler tanto que hizo necesario que creáramos su otro yo, Retal, para que lo acompañara y sufrieran juntos la agonía. Retal: un trozo de todo y de nada. Retal, algo que se guarda, se usa y se tira, o se dobla y acaba soportando el peso de un mueble desvencijado por los años. Retal, un pedazo de un saco roto o de la chaqueta del abuelo que ya no está presente. Y a los dos les hemos creado *Almas*, como lugar donde ahora les toca revivir lo que pudieron ser juntos años atrás, aunque ahora les parezca mentira y les pese como algo infinito.

Y con *Almas* llega la oportunidad maravillosa que ofrece el teatro de descubrir por qué estos personajes lloran, por qué se quejan, cuándo aman, cuánto odian y por qué son incapaces de abrazar, y sí de patear, de hacer daño, de huir...

Y de poder soñar con la posibilidad de su puesta en escena para vivir el momento mágico donde el personaje toma vida en el cuerpo de otra persona para producir algo que solo el verdadero teatro es capaz de conseguir: que el espectador no vea en el escenario al actor o a la actriz, al amigo o al famoso, sino al personaje encarnado en un cuerpo real y con voz propia. Este es el verdadero milagro del teatro.

Y como el milagro que nuestra *Almas* desea es que llegue su posible representación, no está encorsetada en un tiempo preciso, ni anclada en una única posible resolución escénica. Su estructura es simple y admite ubicarla en cualquier sitio, en cualquier calle, hasta incluso dentro de otra historia. Y sus diálogos son ágiles y poéticos para que su montaje se adecue al espacio que cada imaginario logre armar para su mejor comprensión.

Ojalá que algún día Calicha y Retal consigan que alguien les preste cuerpo y voz y que un solo espectador llegue a conocerlos cómo son realmente. O al menos que consigan tener quien alcance a entenderlos porque se lo merecen y porque representan a miles de personas anónimas que, en otro tiempo, sufrieron mucho por no poder mostrar públicamente sus verdaderos sentimientos. Esa es la misión de estos personajes creados desde la imaginación de cómo pudo ser su pasado y soñando con lo que nos gustaría que verdaderamente fuese su presente.

Almas solo ansía que cada uno de vosotros os sintáis parte de ella y que la leáis o representéis. Y si lo hacéis, hacedlo sin prisas para que los silencios sean sagrados y para que Calicha y Retal sean vuestros y de nadie más.

Y si estas *Almas* no se materializan en escena y se quedan para siempre estancadas en el limbo, nos conformaremos con que se quede como escritura dramática y que al menos se lea.

Así que, para empezar, hazlo. Adéntrate en estas páginas. Y, aunque al principio te cueste hacerlo, pronto te darás cuenta de que leyendo y dejando tu imaginación volar, podrás crear tu propio escenario, diseñar tu propio vestuario, dibujar los rasgos que desees de los personajes y tener la oportunidad de ser su director, su técnico de sonido, su luminador, uno de sus personajes o, en definitiva, simplemente su público. Y si quieres, escribe otro texto a partir de este como pretexto o reinventa este de nuevo. Y no olvides que el teatro se representa y se lee, se lee y se representa. Y si aprendes a hacerlo de una manera u otra terminarás amándolo. Ah, te lo advierto, después es imposible dejarlo.

Isabel Sánchez G./Pepe Bablé.

Personajes

RETAL
CALICHA

2

Dos almas se encuentran en la guerra de siempre en un último suspiro.

RETAL ¿Eres tú? ¿Eres tú? Dime que sí... Vamos, no me gastes bromas. Llevo mucho tiempo esperando este momento... Me dijiste que volverías y no sé cuánto tiempo ha pasado. Háblame, por favor... No sé por qué me haces esto... Nacen las lunas, nacen los soles, pero tú no llegas... Cuando te fuiste aquella mañana llevabas muchos días sangrando y tenías la cara pálida. Me dijiste que habías pisado fango y que por eso tenías el pie negro, pero yo sabía que no era así. Te oí como, en voz baja, decías que no soportabas más el dolor. Quise darte mis botas que eran más grandes, pero no las quisiste. Y no quisiste contarme de donde venía tu dolor y tu sangre, pero yo te veía cojear. No, no quisiste mis botas. Después ya dio igual. Luego, un día, me dijiste que te irías temprano a curarte en otro batallón que estaba cerca del nuestro en otras trincheras. Y te creí. Pero me quedé esperándote.

CALICHA No... No te cansas de lo mismo.

RETAL Vaya... Al fin llegaste.

Calicha Sí, pero no voy a dejar que me hurgues por dentro.

Retal (*Lírico.*) Y entonces su voz empezó a tomar un leve deje de desamparo como cuando, protestando como un niño, me dijo: «*No sé por qué me haces esto…*». (*Ríe.*) Ah, y no vuelvas a decirme que no me ría. Demasiadas veces he tenido que dejar de hacerlo para no hacer ruido.

Calicha Veo que sigues igual.

Retal ¿Qué esperabas? ¿Otro distinto? Soy el mismo.

Calicha Ya.

Retal Mentiste.

Calicha ¿Qué?

Retal Dijiste que volverías…

Calicha ¿Y?

Retal Nunca volviste.

Calicha Veo que sigues quejándote de todo. Es una escena que ya la hemos vivido otras veces.

Retal ¿Ah, sí? Pues yo no la recuerdo…

CALICHA Una y otra vez. Donde siempre ocurre lo mismo: tú te quejas y yo me defiendo. Y no quiero volver a repetirlo. Sería patético si lo hiciéramos. Yo solo aguanté tus llantos, tus miedos, tus pesadillas y tus abrazos no deseados, hasta que…

RETAL Huiste.

CALICHA Sí. Y no sé cómo lo conseguí, pero hui.

RETAL Pero hoy estás aquí.

CALICHA Pero, por mucho que lo ruegues, no te voy a contar nada.

RETAL Así que no puedo rascar…

CALICHA No. Y si lo haces ten cuidado. Es posible que ahí esté el origen de mi apodo: Calicha... Y puede que, al rascar, me arranques lo poco que me queda de lo que alguna vez alguien llamó alma.

RETAL Suponiendo que la tuvieras, ¿no?

CALICHA Tal vez.

RETAL Veo que la ironía sigue siendo tu fiel escudero.

CALICHA Y yo que aún tu cobardía te posee del todo.

Retal ¿Por qué lo hiciste? *(No hay respuesta.)* Aquella mañana me dijiste que no me moviera de aquí, que esperara. Y es lo que he hecho

Calicha Sabias que no volvería.

Retal Tal vez…

Calicha ¿Te vale si te digo que no tuve más remedio?

Retal Ya, tu pie…

Calicha No, no era solo mi pie. Mi yo entero estaba enfermo.

Retal Esto es una broma, ¿verdad?

Calicha ¿Qué debería serlo?

Retal No sé. Tu aparición después de tanto tiempo. Tu forma de mirarme, tu manera de tratarme. Me tienes desconcertado.

Calicha No te esfuerces. No busques emoción donde nunca la hubo, ni inventes un cariño que nunca te tuve. Sí, no me mires así.

Retal Y por eso me dejaste.

Calicha Te habías convertido en un parásito. No hubo un momento de mi vida donde no estuvieras presente de alguna manera.

RETAL Ya… Y me abandonaste.

CALICHA Sí, me fui.

RETAL Y me dejaste solo. (*Silencio.*) Pero salí adelante.

CALICHA Me alegro..

RETAL Sí. Me enseñaste bien cómo esconderme entre las piedras y cómo aprovechar el color de esta ropa gastada para confundirme con la tierra. Tampoco pasé hambre.

(*Sonríe.*)

CALICHA Y veo que sigues con cara de muñeco feliz.

RETAL ¿Te molesta que sonría?

CALICHA No, es que no hay motivos para reír.

RETAL Pues hoy estoy feliz. Estoy contento de que estés aquí. Te siento cerca y esta vez espero que me des ese abrazo que tanto deseo. (*Silencio.*) Por aquí no ha venido nadie desde que te fuiste. Ha sido un tiempo muy oscuro. Hubo días con el cielo llorando luces de blanco hielo, noches teñidas de azul frío y semanas en rojo de calor de infierno. Y momentos donde el infinito pareció abrirse para la llegada del nuevo principio del mundo. Y bien que pudo serlo porque todo se iluminó como un parto.

Una vez cayó mucha lluvia, lluvia roja. Tan roja que parecía que el cielo llorara gotas de sangre por las muertes inútiles de aquella guerra interminable. El mal tiempo parecía que quería echarme de aquí a patadas aliándose con el estruendo de las bombas. Pero tampoco lo consiguió. Luego, al tiempo, ya nunca rugió ni volvió a abrirse el cielo. Parecía que la guerra había acabado, pero no. Los muertos que seguía encontrando por los caminos me sacaban de dudas. Como ves, tu ausencia no alivió el castigo del tiempo. Y todo aquello no sé si pasó porque tú no estabas o porque, el tiempo, aún estaba impregnado del olor de tu sangre...

Calicha La sangre…

Retal Sí. Aún la huelo si me acerco a donde dormías. Pero nunca más se ha vuelto a abrir el cielo. Y, si hoy lo hiciera, no me importaría. Hoy estás conmigo. ¿Por qué estás, verdad? (*Calicha no responde.*) ¿No dices nada? (*Calicha no contesta.*) Esa manía tuya de no hablar.

Calicha ¿Para qué quieres que hable? Tú preguntas serán las mismas de siempre.

Retal Y tus respuestas también serán las mismas de siempre, ¿no? (*Silencio.*) Aunque es posible que, después de tanto tiempo, algo puede haber cambiado.

CALICHA No creo. Te veo tal cual.

RETAL Me estás mirando mal. Ha habido cambios profundos.

CALICHA ¿Ah, sí?

RETAL Sí. Si me miras, y te fijas bien, hasta podrás encontrar nuevos surcos en mi cara…

CALICHA Eso es porque el tiempo no es benévolo con nadie.

RETAL Ya. Pero, además, es porque el reloj de mi tiempo no funciona bien.

CALICHA Adelanta demasiado.

RETAL Sí, y eso me da mucha tristeza.

CALICHA Las inclemencias del tiempo eterno.

RETAL Aunque aquí el tiempo se vuelve relativo.

CALICHA Y a ti solo te interesa el tiempo presente.

RETAL Sí. Y el tiempo pasado.

CALICHA Y este es perpetuo, ¿no?

(Silencio.)

Retal A veces me acuerdo cuando, harto de masticar tierra, de aguantar patadas, y con la cara bañada en saliva pegajosa, tú me preguntabas si de nuevo me había dejado insultar y si no iba a reaccionar. Yo te decía que no me importaba. Que tú me protegías desde dónde estabas. Como aquel día de la pelota de trapo.

Calicha Vaya… Veo que te has vuelto muy hábil en la disputa. Como el que no quiere la cosa dejas caer palabras que nos hacen volver.

Retal ¿Palabras?

Calicha Sí. Pelota, infancia, bombas, tiempo… ¿Qué será ahora?

Retal No sé…

Calicha ¿Fango, sangre...?

Retal Bueno, o trinchera, desnudos, capitán… Cualquier cosa vale para recordar.

Calicha Pero yo no quiero recordar.

Retal Lo suponía.

Calicha Sabes que desde hace tiempo no existes para mí. Es más, cuando me fui, ya no existías. Ni tú ni nada de lo que tenía que ver contigo… Tú, tus botas, tus caricias, tus lágrimas... todo eso para mí ya estaba muerto. No te necesitaba. No necesitaba a nadie. Te habías convertido en un estúpido e inútil pedazo de muñón.

RETAL No te molestes en intentar hacerme más daño. Ya no me importa lo que digas ahora. En aquellos momentos, si hubieras querido echarme de tu lado lo podías haber hecho y no lo hiciste. Hasta me dejabas caminar contigo. Eso sí, unos pasos detrás. Tú andabas y yo te seguía. Me hablabas lo necesario y yo te seguía como si fuese tu sombra.

CALICHA Una sombra impertinente enganchada a mis gastadas botas.

RETAL Apenas me mirabas. Y, cuando lo hacías, era como si me taladraras. Tu mirada me atravesaba como si yo fuese transparente. Y era curioso, reprochabas mi silencio cuando tú eras el que estaba ausente. Así de triste fueron nuestros últimos días. Sabía que me abandonaste mucho antes de irte. ¿En qué momento dejaste de verme?

CALICHA No lo sé.

RETAL En el fondo me daba igual. Al menos caminábamos en la misma dirección.

CALICHA Sí, pero cada uno tenía un rumbo distinto.

RETAL Tú eras parte del mío.

CALICHA Pero tú no del mío.

RETAL Lo sé, pero no me importaba. Estábamos tan a la deriva que sentir mi desconsuelo era como sentir el tuyo propio. (*Calicha ríe.*) Vaya, ahora eres tú el que ríe. Bueno, así al menos sé que estás aquí de verdad. (*Calicha sigue riendo.*) ¿Esa es tu risa? Lo es, pero no eres tú.

CALICHA (*Para de golpe de reírse.*) Sí es mi risa. Y claro que soy yo. Y me río; no me queda otra.

RETAL ¿Tu risa es ahora parte de tu defensa?

CALICHA No. Es solo mi risa. Amarga pero mi risa. Y es amarga porque no quiero recordar. Me niego a regresar al origen.

RETAL Pues debemos hacerlo.

CALICHA ¿Para qué? ¿Quieres que vuelva de nuevo a mirar las estrellas desde aquella tapia sucia donde me condenaste a quedarme?

RETAL ¿Condena?

CALICHA Condena, sí, condena. Desde entonces todo ha sido un calvario. Mi vida fue de mal en peor. Lo que pasé en aquella tapia fue el presagio de todo lo que vendría después: ruina y más ruina. Así que mi risa, aunque te duela, es una defensa para poder combatirte.

RETAL Pues la recordaba de otra manera. Siempre fue como un bálsamo para la angustia. Pero ahora me ha parecido dañina, incisiva.

CALICHA Pues es la misma de siempre.

RETAL Aquella risa me liberaba. Me gustaba tanto que la tengo grabada en lo más profundo.

CALICHA Tal vez, entonces, el problema esté en tus recuerdos no en mi risa.

RETAL No. Mis recuerdos están a buen recaudo y todos llenos de ti, no te preocupes. El sonido de tu risa y el ruido de tus pisadas, forman parte de la herencia que me dejaste.

CALICHA ¿El ruido de mis pisadas?

RETAL Sí. Las tengo grabadas como dueñas de mi memoria. Las de tu pie sangrando en aquella bota reventada dejando aquel rastro inequívoco,

CALICHA Contigo todo es ruido y más ruido. Eres el sonido de la queja y el eco del lamento.

RETAL Puedes decir lo que quieras, pero aquel era como un ruido de llanto trágico. Un ruido de pisadas huidizas… cobardes, esquivas... Por eso tu verdadera risa me hace tanta falta.

CALICHA Pues ahora es esta la que tengo. Y si río así es para poder apagar tu llanto. Es que prefiero la risa a la queja, ¿sabes?

RETAL Pretendes apagar mi llanto con el sonido de tu risa…

CALICHA Es que ese llanto no es normal. Está lleno de ecos, miseria y mentiras. Es un llanto repleto de siglos. Es el mismo que no podías contener cuando me perseguías por aquellas laderas de barro y el que, cuando naciste, mojó de angustia las paredes de aquella maldita tapia.

RETAL Bendita tapia… (*Silencio.*) ¿Sabes? Mi abuelo se enfadaba cuando me veía mirándote subido en aquella pared. Un día me dijo que pasabas tanto tiempo allí, que ya formabas parte de ella. Que eras otro pedazo más de cal vieja pegado en aquella pared.

CALICHA Y como cal me tendría que haber caído…

RETAL Fue entonces cuando te bautizó como «calicha».

CALICHA Ah, así que fue él… No me extraña… Sabía cómo ofender a los hombres de la aldea.

RETAL Sí, a todos les puso un apodo.

CALICHA Tu abuelo... Qué personaje.

RETAL — Decía que no tenía amigos en el pueblo y que ningún hombre le merecía respeto. Nunca entendí por qué.

CALICHA — Tendría sus razones. Seguro que si viviera ahora pensaría de otra manera.

RETAL — ¿Sobre ti o de los demás?

CALICHA — No seas sarcástico. No es propio de ti. El sarcasmo forma parte de mi identidad, no lo olvides, no de la tuya.

RETAL — No era sarcasmo, solo curiosidad. Sé que contigo tampoco se llevaba bien… Te respetaba. Pero, cada vez que te nombraba, parte de su cara le temblaba y los ojos se le mojaban. Por eso me extraña que hoy pudiese tener una impresión distinta de «esa calicha».

CALICHA — Seguro que sí. El vio a este pedazo de calicha mucho tiempo pegado en aquella tapia. Pero hoy sabría que, en realidad, no quería estar allí agarrado como un animal herido. Sino desaparecer y olvidar todo lo vivido hasta aquel momento y dejar atrás todo lo que tuviera que ver con aquella maldita aldea. Se lo contaría todo y sabría la verdad.

RETAL — ¿Y yo no la puedo saber?

CALICHA — Digamos que no te corresponde.

RETAL No es que me crea con derecho, pero pasé muchas horas de mi vida observándote y no sé nada de ti. Solo sé lo que intuyo y lo que, tal vez, quiero desear.

CALICHA Mi infancia no fue nada interesante. Familia pobre, comida escasa y mucha soledad. Ya solo me quedan imágenes distorsionadas por la memoria. Caras confusas, quinqués brillando en la noche, el olor a mugre vieja y el sonido del viento chocando contra el muro de aquella tapia los días de lluvia. Aquel viento que formaba parte de aquel pueblo y que, en cualquier época del año, soplaba y soplaba…

RETAL A mí de pequeño me daba mucho miedo. Por las noches silbaba y hacia ruidos extraños cuando se colaba por las rendijas. Creo que desde entonces es por lo que odio los ruidos.

CALICHA Como el de mi pie.

RETAL Sí. El de ese pie hinchado y manchado por aquella nube tan negra como una de tormenta de invierno. Ese que apenas podías tener dentro de aquella bota enfangada y que provocó tantas explosiones en nuestras vidas. Aquel pie con aquella mancha a la que mirabas en silencio cuanto te subías la pernera del pantalón y a la que le decías: *«Me lo estás poniendo difícil, cabrona. Pareces lluvia mansa que avanza despacio. Pero no. Eres una sombra; un rostro que vomitas dolor y que avanzas sin pausa»*. Dolor, sí, eso decías. ¿Sabes cuánta amargura sentía al escucharte? Te miraba desde la distancia y me callaba porque sabía que no querías que nadie supiera que tú también tenías miedo.

CALICHA ¿Ves? Ya sabías algo de mí.

RETAL Si no te hubieras ido yo mismo te habría dado mis botas. Estaban nuevas y podrías haber andado mejor con ellas, sin arrastrar el pie. Yo te habría cuidado cómo lo hiciste conmigo cuando aquellas fiebres que casi me matan; bueno, o tal vez lo hicieron y no me he dado cuenta de ello. Ahora no puedo dártelas. Ya son viejas. Estas me las dieron cuando regresé al frente y aún no me las he quitado para nada... Pero, ¿sabes? En el saco tengo otras; se las quité a un muerto. Ya, ya, ya, no digas nada… sé que eso trae mala suerte. Pero ya da igual. Hace tiempo que dejé a la suerte que pasara de largo.

CALICHA ¿Por qué siempre has tenido que sentir mi dolor como el tuyo? ¿Por qué siempre has tenido esa necesidad de ser yo y de apoderarte de lo que necesitaba, de lo que deseaba?

RETAL ¿Por qué te fuiste?

CALICHA No te cansas, ¿no?

RETAL ¿Por qué?

CALICHA Hay cosas que no se pueden explicar. No busques un por qué.

RETAL ¿Era mucho mejor arrastrar por el fango tu pie enfermo, que quedarte allí con el dolor de no poder ser quien realmente querías, no? (*Silencio.*) A veces, los dolores son el castigo de nuestros propios excesos.

CALICHA Sí, o el recuerdo constante de que, para estar en pie, hay que pagar. Y yo lo pagué con creces con mi pie y con mi silencio.

RETAL ¿De eso se trata, entonces?

CALICHA Es posible.

RETAL ¿Te fuiste para que no sintiera tu dolor? Qué considerado... Eso no te lo crees ni tú mismo. Ese dolor fue una buena escusa durante un tiempo, pero yo sabía que lo que te dolían eran otras cosas.

CALICHA Todo dolía. El pie, tú, yo... Me sentía mal. Y sí; no solo era el pie. Cuando la enfermedad me atacó hacía ya tiempo que había descubierto que era el alma lo que realmente tenía herida. Y sí, huí. Huí deseando encontrar algo de paz en medio de aquella guerra.

RETAL Y te garraste a otra vida mientras yo desperdiciaba la mía esperando que regresaras.

CALICHA Sabías que no regresaría.

RETAL Me quedó al menos la esperanza y vencí la angustia contando las horas y haciendo muescas en una piedra para que me recordaran esos días sin ti.

CALICHA Qué trabajo

RETAL Pero un día la piedra desapareció.

CALICHA Seguro que también se fue una noche húmeda y oscura como yo.

(Silencio.)

RETAL ¿Recuerdas cuando vivíamos en la aldea? Yo jugaba con una pelota de trapo y tú encima de aquella tapia. Siempre estabas encima de aquella tapia. Y fumabas. Todos te temían pero te respetaban. Y me gustaba verte allí en posición de alerta desafiando al mundo. Te miraba y te admiraba. Para mí eras muy valiente. Yo no lo era. Por eso jugaba cerca de ti con la pelota. Siempre me diste seguridad. No sé si te acordarás, pero, en una ocasión, aquellos niños del barrio alto, bien vestidos y con botas de cuero y las camisas tan blancas, vinieron a buscarme. Y, desde que les vi llegar por el final de la calle supe que venían a fastidiarme. Asustado, eché a correr, me escondí donde los cerdos del vecino y allí esperé hasta que se fueron, sudando, oliendo a estiércol y apartando a las bestias que se me acercaban, con sus hocicos mugrientos, para comerme como basura. Eso mismo ocurrió en diferentes ocasiones. Pero, un día vinieron de nuevo y estaba tan distraído con mi pelota que no los vi llegar. Y, cuando me di cuenta, los tenía encima. Llegaron, me empujaron, tiraron la pelota al fango y la pisotearon. Y no, no fui valiente. Intenté levantarme para escaparme y esconderme entre los cerdos, pero ni eso me dejaron. Gritaban y me decían que me iban hacer lo mismo que a la pelota. Entonces, tú, de un salto, bajaste de la tapia y, antes de que te vieran llegar, me habías levantado del fango con una mano diciéndoles muy despacio que esperabas que nadie quisiera tener problemas. Te miraron con burla, pero no agachaste la cabeza y los miraste fijamente, uno a uno, con los brazos cruzados. Tú siempre mirabas a los ojos a todo el mundo, taladrándolo. Y, como si hubieran visto aparecer al diablo, salieron corriendo. ¿Te acuerdas? Cuando se fueron, tú ni me miraste. Pero, te diste la vuelta y me dijiste en voz baja:

Retal /Calicha — No voy a estar aquí siempre para ayudarte, recuérdalo.

Retal — ¿Te acordabas?

Calicha — De las palabras sí, de los hechos no.

RETAL Pues lo siento.

CALICHA Más yo, créeme. (*Silencio.*) En ese momento tendría que haberme dado cuenta de que tenía que apartarme de ti. Me hubiera ahorrado muchas cosas. Yo no nací para ser nada tuyo. Ni siquiera para defenderte. Tendría que...

RETAL ¿Haber huido?

CALICHA Sí.

RETAL Bueno, más tarde lo conseguiste.

CALICHA ¿Tú crees? Sabes que no. Desde entonces, algo me empujaba hacia ti. Es como si una voz interior me alertara de que estás en peligro y tenía que buscarte y cumplir con un deber. Ese fue siempre nuestro destino

RETAL ¿Aún crees en el destino?

CALICHA Sí, claro. Como en el más allá.

RETAL Es curioso. Crees que tu destino es protegerme y, en cambio, me abandonaste a mi suerte.

CALICHA Aquel día que te defendí fue como firmar un pacto de sangre. Luego la vida nos fue llevando por caminos distintos. Sí, no pongas esa cara. Desde aquel momento no supe dar un paso sin la sensación de sentirte cerca, aunque estuvieras a miles de kilómetros de mí. Esa valentía tuvo consecuencias.

Retal — Pues a mí ese día me pareciste un héroe. Sí, todo un superhombre salido de aquellos tebeos que me dejaba mi abuelo. Te vi como un ser con una luz distinta a la de los demás y te convertiste en algo muy especial. Me llenaste de una sensación que me hacía temblar, y no de miedo precisamente. Ese sentimiento perduró en el tiempo y me sentí atrapado. Y se convirtió en una urgencia tener que verte en aquella tapia. Me gustaba. La tapia y tú os convertisteis en el símbolo de mis deseos. Y, sin darme cuenta, me fui invadiendo de ti. Me creaste necesidad de ti. De saber, de entender…

Calicha — Tú tenías necesidad de mí y yo de descansar… (*Silencio.*) Nunca quise ser eso. Sabía que me observabas. Bueno, todos en el pueblo lo hacían; yo era un bicho raro. Pero tu mirada era distinta; me gustaba. Y me hacía bien verte jugar con aquella pelota de trapo aunque lo hicieras con desgana. Por eso, el día de los niños del barrio alto, no pude soportar que te humillaran de aquella manera.

Retal — Nada te obligaba a defenderme. Estoy seguro de que no lo hubieras hecho con otro niño. Todos sabían de tu recelo y antipatía por los demás.

CALICHA (*Tras un silencio.*) Cuando viste la luz por primera vez, yo corté tu cordón. No quise cortarlo. En realidad, en ese momento deseaba que te hubieras quedado vagando no sé en qué tierra, en qué limbo, en qué infierno, en qué otros partos. Pero lo hice. Y cortarlo fue como firmar un compromiso eterno contigo. Muchas veces he pensado si no hubiera sido mejor haberte ahogado con ese maldito cordón o dejar que otro pagara esa pena por mí. Pero naciste y te ayudé a hacerlo. Y, desde aquel día, me siento tan estrechamente comulgando contigo que, por mucho que, en verdad intento huir, no lo consigo. Sí, corté tu cordón, te envolví en una toalla, te puse encima de tu madre, sin ni siquiera miraros a los ojos, y volví a mi tapia sabiendo que nuestros destinos estaban unidos desde aquel momento.

RETAL ¿También tengo que agradecerte haber nacido? (*Silencio.*) ¿Qué debemos hacer ahora?

CALICHA No seguir. Sé que el más allá existe y solo quiero tragar la tierra que me corresponde.

RETAL ¿Quieres zanjar las deudas?

CALICHA Lo tendríamos que haber hecho hace mucho tiempo.

RETAL Bien. Yo también deseo dejar de vagar. Necesito que la tierra me recuerde que de verdad existe y escupir mi propio barro. No tener que regresar a la encrucijada de nuestros caminos ni a la trinchera.

CALICHA Ni a la cuneta.

RETAL Lugares de demasiado dolor.

CALICHA No hace falta seguir de esta manera y recibir dolor.

RETAL El dolor solo debería ser necesario para recordarnos que sentimos. Y de dolor puedo hablarte con conocimiento porque estar sin ti me provocaba uno muy grande. Si aquel día me lo hubieras pedido yo habría escapado contigo. Pero no lo hiciste. Huiste y no pude seguirte. ¿Sabes que por las noches lloraba y te buscaba como un animal en celo? ¿Que tenía que saber dónde estabas o mi cuerpo temblaba como si estuviera hecho de miedo? ¿Qué me sentaba en el suelo ocultando la cabeza entre las rodillas torturándome de angustia? ¿Que solo quería regresar al pueblo y que tú estuvieras en la tapia vigilándome, cuidándome, en el sitio de siempre? ¿Y que cuando escuchaba algún ruido te buscaba? Sí. Como tú lo hacías con alguien que nunca era yo.

CALICHA Son cosas que no tienen respuestas que…

RETAL Lo sé.

CALICHA Nos tocó vivir tiempos duros. Momentos de guerras con muertos por venganzas, envidias, amores y desamores. Guerras donde morías por ser distintos, por hablar o amar de manera diferente. Ese fue nuestro tiempo. Y, aunque parece que aquello quedó lejos y que todo está en paz, es mentira. Ahora no hay una sola guerra. Ahora son muchas. Con nombres distintos, con armas modernas y de maneras diversas. Hay guerras por un trozo de tierra o de poder. Guerras que están en la familia, en el trabajo, en lo cotidiano, destruyéndolo todo lentamente… Y las cunetas, aún disfrazadas de parterres de flores exóticas, siguen albergando voluntades e identidades silenciadas. Y lo peor de todo, es que habrá guerras mientras el sinsentido y la palabrería campen por donde haya algo que sumar al bolsillo de algún interesado.

RETAL Tiempos duros… Tiempos de miseria, de hambre y de habladurías…

CALICHA Sé que te contaron que tu madre se fue una madrugada y te dejó durmiendo en tu camastro cuando apenas tenías un año. Que alguien llegó y te encontró chorreando orina y lágrimas, tal vez de soledad o de miedo. Que ese alguien te sacó de casa como un hatillo en una noche oscura, muy oscura, y te dejó junto a una puerta como un bulto.

RETAL En casa de una persona a quién, con el tiempo, llamé abuela. Ella me dijo que, ese alguien, me dejó en la puerta de su casa y que no volvió jamás. Mucho después, su marido, a quien también llamé abuelo, me contó que aquello pasó porque mi madre necesitaba salir de aquella aldea. Que quería llegar a la ciudad para poder trabajar y ser alguien. Que en aquellos tiempos convulsos de idas y venidas, de ideas, fricciones y hambre, la República había abierto las mentes a muchos y que mi madre se dio cuenta de que aquel ya no era su sitio. También me contó, con mucha pena, que había perdido a un hijo que murió intentando alcanzar aquellas mismas esperanzas. Que, al igual que mi madre, se fue porque quiso descubrir si era verdad que podían existir las ilusiones fuera de aquellas calles llenas de barro y de mugre. Me dijo todo eso pero, en el fondo, creo que los admiraba porque ellos sí fueron capaces de dejar atrás aquel pueblo lleno de espectros que sobrevivían entre ratas porque la guerra los convirtió así.

CALICHA Tu madre fue una mujer valiente y deseó otra vida. Necesitaba saber qué había más allá de aquel lugar lleno de calamidades, maledicencias y basura. No te llevó porque hubiera sido tu muerte. Es posible que aún esté viva.

RETAL Lo sé, pero nunca tuve necesidad de buscarla. Con las cosas que la gente me contaba de ella me forjé una idea y me creé una madre a la medida. Con eso me bastó. Tú nunca me contaste nada y sé que la conociste bien. Mi abuela me dijo que os había visto juntos en muchas ocasiones.

CALICHA Fuimos al colegio de pequeños. Luego cada uno tomó su camino. A veces nos veíamos de lejos y nos saludábamos, eso es todo. En el pueblo nos conocíamos tanto para lo bueno como para lo malo. El día que naciste, su llanto resonaba por todo el pueblo, pero nadie fue a socorrerla. Así que no tuve más remedio que ayudarla a parirte. Después, ella hizo lo que creyó que tenía que hacer. Yo, en cambio, corté tu cordón, me quedé allí y cambié una vida soñada por la de aquella tapia.

RETAL Mi madre no dejó de serlo al abandonarme, ¿verdad?

CALICHA Supongo…

RETAL Creo que no.

CALICHA Tus abuelos te cuidaron bien y creciste rápido, demasiado rápido. Yo te observaba desde lejos y, un día, me di cuenta de que tú también me mirabas.

RETAL Desde la puerta de mi casa, me pasaba horas viéndote en aquella tapia fumando y sin hablar con nadie. Absorto en tus ideas y observándolo todo con los ojos entrecerrados y con las pestañas enredadas en tus párpados. Siempre me he preguntado de dónde habían salido aquellos ojos que lo veían todo casi sin mirar.

Calicha Mi vida era solo aquella mísera aldea y aquella maldita tapia que me servía de atalaya y de refugio. En aquella tapia dejaba volar mi imaginación y me trasladaba a otros lugares, a otras circunstancias, a otro mundo más posible, más amable, menos agresivo, más tolerante. También me inventaba un mundo a mi medida. Lo mismo que tú hiciste con tu madre yo lo hice con mi vida entera.

Retal Siempre me preguntaba cómo serías realmente; si tendrías padres y si no te importaba estar dentro de aquel pozo de la soledad, como yo.

Calicha Sí los tuve. Los traté poco y mal, pero los tuve. De mi infancia recuerdo muy poco: oscuridad, frio en invierno, calor en verano y mucha hambre. Creo que me quisieron. Digo creo porque, tal vez, o no supe reconocer el cariño o no era el que necesitaba. Pero, sí estuvieron. Estuvieron todo el tiempo. Fui yo el que desaparecí al cambiar mi vida por aquella tapia. Cuando crecí me distancié de ellos y, al tiempo, se fueron del pueblo. Me pidieron que me fuera con ellos, pero no los quise acompañar; no era mi misión. Además, les quité una boca por la que preocuparse.

RETAL — Bueno, tú al menos hiciste lo que quisiste. Yo, en cambio, siempre he tenido la sensación de que he sido un estorbo para todo el mundo. Mi madre me abandonó al nacer y, mi abuelo, cuando estaba dejando atrás la infancia, una madrugada, fría como el mármol y extraña como mi vida, me sacó de la cama para enviarme a trabajar en aquellos campos perdidos. Una madrugada me despertó de golpe y un tipo mal encarado me metió en un carro cargado de espigas a empujones y me sacaron de aquel pueblo alejándome de todo. De aquella tapia y de ti. Sin poder despedirme de nada ni de nadie. Y lo último que recuerdo fue a mi abuelo diciéndome: «*Tranquilo. Aprovecha esta ocasión. De lo único que te tienes que preocupar es de hacerte un hombre, recuérdalo. Debes sentirte hombre porque lo eres. Pero sé un hombre o la vida te tratará muy mal. Tienes que ser fuerte. Más que ningún otro*»… «*Aún no soy un hombre abuelo*», le dije. «*Todavía no soy un hombre. Los hombres son héroes encima de las tapias. Yo nunca seré uno de ellos…*».

CALICHA — Tu abuelo solo quiso tu bien.

RETAL — Sí, ahora sé que aquello lo hizo por mi bien y porque las circunstancias obligaban. El que me dejó ir sin más fuiste tú. (*Silencio.*) Tú sí sabías lo que me esperaba y podrías haberlo parado. Pero no lo hiciste. Sé que aquella madrugada estabas allí entre las sombras. El fuego de tu cigarro alumbró tu cara como despedida y te delató. Mi héroe se quedó escondido tras la tapia mientras yo cruzaba el pueblo diciéndole adiós a mi infancia. El pueblo también parecía despedirme con el ruido de las ruedas del carro crujiendo sus piedras. Esa fue la melodía que acompañó mi adiós definitivo. Yo sabía bien lo que significaba aquel carro. Sabía que pasaba por los pueblos buscando a niños suficientemente mayores como para trabajar y valerse por sí mismos. Y yo ya era mayor. Así que me subieron a aquel carro y no volví jamás. Esos niños nunca volvían. Cuando subí a aquel carro, vi más caras de susto. No sé cuántos eran porque no sé contar. Pero todos me miraban con ojos muy grandes. Los más grandes que he visto jamás. Cuando íbamos por medio del camino, el tipo mal encarado preguntó que si alguien conocía el trabajo en el campo. Nadie contestó, solo yo. Y ahí me di cuenta de que ya había crecido. Clavándonos las espigas en las piernas, el camino se hizo largo, tortuoso y aburrido, hasta que el mal encarado con sombrero de paja, que manejaba el carro y escupía, nos dijo que bajáramos rápido. Y, a empujones, nos metió en una casa enorme y vieja diciéndonos que viviríamos allí. Vivir, lo llamó. Y siguió: *«Pero no creáis que aquí venís a comer, dormir y vaguear. No. Aquí hay que trabajar desde antes de la salida del sol. Y el que no trabaje no comerá».*

CALICHA Yo tuve más suerte y no me montaron en un carro. Pero, cuando también era pequeño, una mañana, también mi padre me despertó para decirme que nos íbamos del pueblo y acabé como tú: en una tierra extraña junto a otros hombres y niños. Cuando llegamos nos repartieron por los campos. Los hombres segaban trigo. Y una hilera de niños mocosos muertos de frío, corríamos detrás atándolos con las manos cuarteadas, ensangrentadas, y lo cargábamos en unos carros enormes. A una hora sonaba una campana y un tipo nos gritaba: *«Rápido, rápido. Rápido o no hay comida»*. Y nos metían en una sala de ladrillos gastados y nos sentaban en unas mesas largas de madera antiguas con ralladuras profundas como heridas y monigotes hechos con las uñas.

RETAL ¿Y también te dieron un cuenco de lata con patatas hervidas nadando en agua blanca?

CALICHA Cómo olvidarlo.

RETAL Yo, una vez, cogí una de las patatas y quise pelarla con los dedos. Todos empezaron a reír y a decirme, *«Vaya con la nena. Ya te acordarás después de la piel de las patatas. No vas a comer nada hasta mañana y esa piel también mata el hambre»*. Cuando dejé la piel a un lado del cuenco, alguien, de mi misma mesa, dio un salto, se llevó la mano a la boca con el gesto de que me callara, las cogió rápidamente y se las comió. Ese fue el último día que dejé la piel… Cuando me fui a dormir, mi estómago hacía el mismo ruido que los cerdos del vecino cuando tenían hambre. Ahora ya sabes por qué siempre me como las patatas a mordiscos. No sé qué tiempo pasó, pero, una mañana, el hombre del carro, el mal encarado, me clavó el bastón en la espalda y me dijo: «*Oye: yo te conozco. Tú eres el que traje de la aldea del río, ¿no?*». Solo le pude decir «*sí*», con la voz tan apagada que ni siquiera me escuché. «*Pues el viejo murió, ¿sabes? Los vecinos tuvieron que tirar la puerta abajo. Cuando entraron la vieja también estaba muerta junto a él. Ya estaban pudriéndose y casi tapados por un enjambre de ratas. Había tantas que salían de las rendijas. Vaya festín se dieron las muy putas. Vamos, tardan un poco más y se evitan el entierro*». Y se rió como si él hubiera hecho un pacto con el diablo para ser eterno. Y sentí un zarpazo, como si me hubieran cortado los brazos. No sabes cómo odié a aquel monstruo con bastón. Pero, al poco, pasó un hecho extraordinario. Me contaron que, una madrugada, el caballo que tiraba de su carromato se asustó con una culebra que brilló como un guiño en la noche, que resbaló, levantó las patas delanteras y cayó encima de aquel tipo del bastón, reventándolo. Al mediodía lo encontraron agonizando al sol y con las tripas comidas por los perros. ¿O quizás fueron las ratas? De todas maneras, al final, quedó igual que mis abuelos. Justicia poética.

CALICHA Conocí a aquel tipo. Todos le temían. Y me enteré de ese percance. Alguien del pueblo lo contó. Ya sabes cómo corren siempre las malas noticias. Sé como acabó. Pero ni las peores bestias merecen morir así. A lo mejor, en su pacto con el más allá escatimó alguna condición. Seguro que sería la humana, porque, ni el propio diablo, quiso pactar con él. Muchos respiraron hondo cuando se enteraron.

RETAL A mí nunca me cupo tanto aire en los pulmones. Después de aquello, todo ocurrió tan de prisa. Crecí, llegó la guerra, los campos se convirtieron en trincheras y me vi con un fusil en las manos sin entender por qué ni contra quien luchábamos. Recuerdo que en aquellos campos de trigo, antes de llevarme al frente, sin saber por qué, también los compañeros se burlaban de mí y me fueron dando de lado. No querían que durmiera en el barracón y sacaron mi camastro fuera. No me dejaban ni lavarme y tenía que comer lejos de ellos porque echaban tierra en mi plato. Nadie salía en mi ayuda. A veces, amanecía lleno de moratones y, otras, inconsciente con la cara manchada de pintura y desnudo… Tendría unos dieciséis o diecisiete años cuando, un día, llegó un camión del ejército. *«Eh…tú… despilfarro»,* me susurró uno de los encargados: *«Ven aquí».* Y, con la escusa de mover unas cajas, me llevó hasta un rincón y me arrinconó pegándose mucho a mí… No sabía qué hacer. Tenía mayor rango que yo y era muy corpulento.

Acercó su cara a la mía y empezó a tocarme por encima del pantalón. «*Te vamos a mantener vivo aquí pero para que sepas cómo tratan a un maricón en la guerra. ¿Nadie te dijo que naciste maricón?*». Se aseguró de que nadie nos veía, me agarró la mano y la metió por debajo de su ropa. Me quedé paralizado. No sabía que hacer. Las lágrimas salían de mis ojos pidiendo por piedad que me dejaran ciego. Como no hice lo que quería, me gritó: «*Eres un pedazo de inútil. Ni para esto sirves*». Me apartó de un empujón y empezó a reír muy fuerte. «*Tu abuelo podía haberte avisado de que eres maricón, ¿no? Creo que eso lo traes en la sangre. Y chitón. Si dices algo no sales vivo*». Llevaba años intentando entender por qué provocaba tanto odio a mí alrededor y ahí lo averigüé todo. Al fin entendí qué era aquello que se despertaba dentro de mi cuerpo y supe por qué mis ademanes y mi forma de reír eran diferentes a la de los demás; y por qué mis ojos se clavaban con deseo en los jóvenes que me llamaban la atención. Me asusté más y me convertí en un ser retraído siempre apartado de todo. Para disimularlo, hacía cosas de hombres y me convertí en un buen tirador. Era extraño: tenía que demostrar ser hombre siendo uno de ellos. Pero intenté ser más hombre cuando en realidad me daban miedo y a la vez me atraían.

Calicha — Pero no llevabas un hombre dentro. Por eso tu abuelo prefirió mandarte lejos. Tuvo miedo de perder a otro de su sangre. Era un viejo listo, te conocía bien y sabía cómo sentías. Por las noches oía cómo llorabas y escuchaba tus lamentos. Te veía jugar y sabía que tú no eras el niño que pegaría patadas a la pelota de trapo que te hizo. Él sabía que, en vez de la pelota, hubieras preferido algo a lo que abrazar y cuidar cómo no te habían abrazado ni cuidado a ti. Pero la hizo para protegerte. Con esa pelota te protegió a su manera. Y si dejó que te fueras fue para apartarte de la burla y el escarnio de los tuyos propios y en tu propia casa. Él sabía que lo peor en este mundo no es una tapia, ni una pelota de trapo rota, ni siquiera una madre que se va... Lo peor en esta vida es estar dentro de ti y no ser capaz de demostrarte quién eres.

RETAL ¿Tú supiste siempre que yo era diferente? (*Calicha no responde.*): Yo no me sentía igual a los demás y lo aceptaba, pero nunca pensé en las consecuencias que aquello acarrearía. Por eso, cuando lo descubrí, no solo quise ser un hombre sino demostrarlo cómo mi abuelo me pidió la última vez que lo vi.

CALICHA Un hombre como mandan los cánones: útil para la batalla, macho para la mujer y necesario para defender según qué ideas, ¿no?

RETAL Sí, pero no supe. Fui solo una persona a la que no dejaron expresar lo que realmente sentía porque era pecado ser diferente.

Calicha Tu abuelo no quiso que fingieras ser lo que no eras. Él entendía la situación. Sabía que los maricas son hombres y qué más da cómo y a quién desees. Solo te pedía que fueses valiente para que no te sintieras raro.

Retal Pobre abuelo. Lo que tuvo que sufrir por mí. Y yo reprochándole que me dejara abandonado. Qué cobarde fui.

Calicha No disfraces de cobardía lo que solo es vergüenza. Ambas son solo palabras. Simples palabras. Deja que sean ellas las que se vistan con lágrimas y recuerdos…Además, siempre hay que volver a las palabras.

Retal ¿Sabes que sé que no me querías a tu lado? (*Silencio tenso.*) ¿No me contestas? Son simples palabras. ¿No hay que volver a ellas? ¿Por qué no lo querías?

Calicha No sé… Las cosas suceden porque sí…

Retal ¿No quieres responder?

Calicha No. Para nada… No es que no te quisiera a mi lado. Lo que pasó es que, desde que te fuiste del campo y te perdí, hasta que llegué al campamento donde te encontré, pasaron muchas cosas.

Retal ¿Me estuviste buscando?

CALICHA Durante mucho tiempo. La guerra se hizo más intensa y supe que te sacaron de aquellos campos para combatir y que te habías hecho un tirador infalible. Pero que, siempre, tenías problemas a tu alrededor.

RETAL Fue mi sino.

CALICHA Me destinaron a muchos lugares y en todos te buscaba. Hasta que, al fin, cuando menos lo esperaba, te encontré en aquel regimiento en aquel sitio perdido. El resto ya sabes cómo fue. Las cosas pasaron de manera vertiginosa. Ya no solo tenía la preocupación de salir vivo de allí, sino que, además, tenía que estar siempre alerta a la espera de que algo pudiera pasar contigo. Luché mucho para poder estar allí pero, cada día que pasaba, me arrepentía de haberlo hecho. Yo me integré a la vida de aquellas trincheras pero tú no. Cuanto más me integraba, tú más te distanciabas de todos. Estabas siempre absorto; como ausente; sin poner los pies en la tierra. Dormías demasiado y eso me agobiaba. Me sentía aislado y empecé a darte de lado.

RETAL Era...bueno... soy más joven que tú y necesitaba más energías. Por eso dormía tanto.

CALICHA Veinte años no eran nada...

RETAL Sí, eso dice la canción. Pero la diferencia entre tú y yo no son veinte años, sino dieciocho años, tres meses y quince días.

CALICHA Vaya. Lo tienes controlado.

RETAL Tuve que hacerlo, eso me ayudaba a entenderme. Y no dormía tanto, eras tú el que apenas lo hacías. Ni dormías ni comías.

CALICHA Sabes que me alimento de lo que necesito.

RETAL Sí, desde la tapia eras así. Solo bebías el agua que cogíamos del arroyo en aquella jarra de lata vieja.

CALICHA Eran tiempos de escasez y penurias. Tú pasaste hambre también.

RETAL En los campos sí, hasta desfallecer. Pero, en el pueblo, no tanto. Mi abuela cuando me arropaba contra su pecho, siempre tenía algún pedacito de carne guardada para mí. Y mi abuelo por las mañanas antes de irse a trabajar, me acercaba un migajón de pan mojado en la sopa de su desayuno. Pero ahora siempre tengo mucha hambre. Me gustaría ser como tú, no tenerla y ordenar a mi estómago que se callase. Este pozo sin fondo que es un agujero donde vive una bestia que muerde y muerde y a la que nunca en mi vida he visto saciarse.

CALICHA Al estomago hay que domesticarlo, como a cualquier otra parte del cuerpo.

RETAL Empezaré por domesticar mis deseos. (*Silencio.*) No me has contestado.

CALICHA Creí que lo había hecho.

RETAL No. Pero no importa. Ambos sabemos que hay otras razones que nos amarran.

CALICHA Sí. Tu cordón umbilical.

RETAL No. Algo más.

CALICHA ¿Qué cosa?

RETAL El que tú también eres un hombre «diferente».

(Silencio.)

CALICHA Siempre me he preguntado ¿por qué no te fuiste otro sitio a jugar con tu pelota de trapo?

RETAL ¿Crees en la amistad?

CALICHA ¿A qué me sales con eso ahora?

RETAL ¿Qué es la amistad para ti? ¿Algo imposible?

CALICHA Hay quien piensa que es una persona que te escucha y que sabe cuándo estás bien y cuándo estás mal. Algunos creen que es ponerse en la piel del contrario y estar en disposición de entrega constante. Y, otros… Tú yo nunca hemos tenido una amistad. La amistad no puede existir entre nosotros.

RETAL ¿Qué entonces? ¿Qué hubo entre nosotros? (*Silencio.*) Tampoco te atreves a contestar a eso. Al menos no soy yo el único cobarde.

CALICHA No es cobardía es resignación. Conocernos mató los momentos felices que hubiéramos podido disfrutar si no nos hubiéramos encontrado... ¿Quieres respuestas? ¿Por qué no las das tú? ¿Solo existe el horror de las aldeas pobres, de los campos yermos, de los trabajos forzados y del hambre perenne? No, no puedes responder, ¿verdad?, porque no existe un solo tipo de horror: hay horrores. Horrores como mirar atrás para obtener respuestas y no tenerlas; o de tenerlas y no aceptarlas, o de sentirte un inválido emocional. O el horror a vivir de recuerdos y de ansias no satisfechas. O el pánico a todo lo malo y perverso de este mundo…(*Silencio.*) Pero, qué carajo… ¿Por qué de pequeño tenías que estar allí, en la puerta de aquella casa, día tras día, mirándome con los ojos entreabiertos, mientras yo pedía al sol que me alejara de ti? ¿Por qué en aquel maldito campamento no sabías que, en realidad, lo que deseaba era despertarme y ver que habías tenido el valor de escaparte de aquel infierno? ¿Por qué no despertaste una noche y, en vez de buscarme entre sueños apretándote contra mí, no te alejaste para siempre? ¿Dónde tenías atrapado tu valor?

RETAL ¿Por qué tantas preguntas de repente? Yo siempre te he contado mis cosas. Nunca escondí mis emociones contigo. Ni de pequeño cuando pasó lo de mi pelota rota ni cuando me pateaban. Yo he llorado, reído y gritado delante de ti. Y cuando me echabas en cara que estuviera ausente, en un limbo, a lo mío y sin poner los pies en la tierra, me callaba porque no podía decirte la verdad. Cuando tú pensabas que dormía, lo que hacía era observarte sin que te dieras cuenta y veía cómo movías los brazos, arriba y abajo, como queriendo volar y escaparte del aquel maldito sitio donde estábamos. Y cómo doblabas las piernas y escondías la cara entre tus manos llorando por aquel pie gangrenado que te apagaba el ánimo. Y cómo lo mirabas y le hablabas y lo apretabas con tus manos como queriendo estrangular aquella mancha que te comía. Yo te miraba y sentía no poder hacer nada por ti, poderte consolar. No podía acercarme. Tenía miedo de que me rechazaras, que no confiaras en mí. Esas han sido mis grandes dudas: saber qué es lo nos amarra y si, alguna vez, habrías amado a alguien de verdad.

CALICHA Y tú que sabes tanto de mí, ¿no lo sabes?... ¿Si he amado? Pues sí. Pero no con un amor de los que se recuerden para contarlo. Sino con uno de los que llegan y se consumen por acción o por falta de ella. Ese es el tipo de amor que practiqué mucho tiempo hasta que me cansé. Luego me cerré a la posibilidad de necesitarlo y ni tan siquiera echaba en falta compañía. Cuando mi cuerpo lo necesitaba me lo pedía y no lo engañaba con falsos sentimientos, le daba lo que realmente le apetecía: sexo. Simplemente sexo. Pero eso sí: sexo fuerte… del real, no te creas.

RETAL No sigas…

CALICHA ¿Qué pasa? ¿Te duele averiguar que he podido amar? Yo también cargué con mis dolores. Tu llanto al nacer fue mi primer dolor. Llorabas como queriéndote comer el mundo a bocados y tu llanto se me clavó como una aguja en mis oídos. Debí haberme vuelto sordo en ese momento o haber estado muy borracho para que tu llanto me pareciera una pesadilla. Pero, no. Te oí, me conmocioné, fui un cobarde, acudí a tu llamada, y tú te convertiste en una tortura y, yo, en un esclavo de las circunstancias; de las tuyas y de las mías.

RETAL Y no has querido averiguar lo que es el amor de verdad para no tener que admitir lo que realmente eres.

CALICHA ¿Ah, sí? ¿Qué soy?

RETAL *(Tras un silencio.)* Un pobre soñador con alma de poeta.

CALICHA Siempre he soñado y he defendido la vida con poesía. Hasta sé que los sueños cuanto más sueños mejor.

RETAL Cuando dormíamos juntos soñabas, ¿sabes?. Sí... y lo hacías en voz baja. Sin que te dieras cuenta me acercaba a tu boca para oírte y todo eran lamentos. Nunca supe por qué estabas tan triste, pero sabía que algo te comía por dentro. Y eso te corroía tanto como a mí que no me necesitaras. Pero en esos momentos me sentía feliz. Te tenía junto a mí y mi cuerpo estaba pegado al tuyo. No quieres acordarte de ello, ¿verdad? Te incomoda. Pues estuvimos muchas veces así. Cuando teníamos frío, como no podíamos quitarnos la ropa, nos apretábamos el uno al otro para calentarnos cuando las noches helaban. Y, en verano, esa misma ropa, nos la quitábamos y servían de colchón. Sobre ellas soñaba que dormíamos en un palacio en medio de un mar que veía azul aunque fuese de noche.

CALICHA ¿Ves? siempre sueños

RETAL Pero mis sueños no podían más que la realidad. Nunca me dejaste que mis manos acariciaran tu cuerpo. Ni tan siquiera permitiste que mi boca te susurrara palabras de olas. Jamás logré que mojaras mi mano, ni que tu respiración se agitara como la brisa de verano.

CALICHA Nunca te dejé, es cierto. Y no me hacía falta mirarte para saber que las lágrimas te bañaban la cara mientras intentabas acariciarme. Pero nunca te pedí que me tocaras.

Retal ¿Pero lo deseaste?

Calicha No. Si lo hubiera deseado no te habría dado la espalda. Me hubiera vuelto a ti y te hubiera arrancado la piel a fuerza de abrazos y te habría arañado tu cuerpo hasta que gozaras como lo que eras: un animal desesperado buscando a otro; un cuerpo sensible al deseo; un cuerpo con ojos equivocados, ansiosos y dilatados ante el sexo. Pero no; no podía darte el mío.

Retal Tampoco te lo pedí nunca. Tú me dabas la espalda y dormías sin importarte que mi boca y mi pecho estallaran de deseo. Nunca ardí contigo. Solo en mi soledad cuando me tocaba y prendían llamas que imaginabas como tuyas. Las mismas que tú también encendías a escondidas para quemar toda tu amargura. No. Jamás me necesitaste. Nunca quisiste vivir la gloria de dos cuerpos disfrutando.

Calicha Ya no existen cuerpos ardiendo de deseo. Se acabó la lujuria y morder labios sin saber dónde estos terminan. De adentrarte en el otro hasta dejarte ir.

Retal Nunca me correspondiste con un abrazo. Yo solo deseaba que tus manos ágiles me recorrieran y moría por sentir la humedad de tu boca. Veía tu espalda y tu cuello y me reclamaban… pero nunca me dejaste que los rozara… Así que lo único que hacía era cerrar los ojos e imaginaba tus nalgas duras pidiendo que no parara… que siguiera hasta que llegara tu sosiego… y te dejara ir.

CALICHA Estúpidos sueños de marica. ¿Olvidaste las palabras que te dijeron en aquel campo?: Te matarán por maricón.

RETAL Las recuerdo. Pero ya no me dan miedo ni me importa.

CALICHA Claro que importa.

RETAL No. A mí no. Quizás a ti sí.

CALICHA Sigues sin entender que todo aquello lo hacía para protegerte, que…

RETAL (*Cortándolo.*) Hubiera sido distinto si yo hubiera sido una mujer.

CALICHA ¿Qué?

RETAL ¿Lo hubiera sido? (*Silencio.*) ¿Si yo hubiera sido una mujer qué hubiera pasado?

CALICHA Quien sabe…

RETAL ¿Hubo alguna? Nunca me hablaste de ninguna.

CALICHA ¿Por qué tendría que haberlo hecho?

Retal ¿Hubo alguna? ¿Nunca sentiste su vacío? (*Silencio.*) No. Por supuesto. Tú nunca echaste en falta a nadie…

Calicha ¿Qué quieres que te diga?

Retal La verdad.

Calicha ¿Qué verdad?

Retal La que no quieres reconocer. Lo que nunca has sido capaz de expresar abiertamente.

Calicha ¿Quieres oír que te necesitaba pero que me avergonzaba aceptarlo? (*Silencio.*) Pues bien, sí. (*Silencio.*) Esos momentos eran difíciles para mí pero me hacían sentir vivo. Te deseaba. Pero no podía permitirlo. Si hubiera dejado que me acariciaras, me habría sentido como un cadáver y aún no estaba en el fango dónde ahora me encuentro.

Retal Si hubiéramos sido lo suficientemente valientes no estaríamos ahora en esta situación de eterno destierro.

Calicha Seríamos otros.

Retal Y tal vez esta tierra sería verde si no hubiésemos derramado tanto odio y desaprovechado tanto amor.

Calicha Ya.

RETAL ¿Sabes? No debiste ir a buscarme. ¿Por qué lo hiciste?

CALICHA No sé.

(Silencio.)

RETAL Aquella madrugada, el día de nuestro reencuentro, nos dijeron que formáramos junto a las tiendas porque iba a llegar otro escuadrón y teníamos que recibirlo. Lo hicimos y llegaron. Y, allí, entre todos los hombres exhaustos y decrépitos estabas tú. De nuevo conmigo.

CALICHA Qué emoción ¿no?

RETAL Para mí sí. Ese reencuentro fue el mejor momento en muchos años. Llevaba mucho tiempo solo y lo único que me unía con mis compañeros de escuadrón eran las ganas de salir de las trincheras y de poder dejar de pelear por aquel trozo de tierra que ni era nuestra ni nos importaba. Estar allí de nuevo contigo fue la recompensa a todo lo que sufrí en aquellos campos infames y en aquella puta guerra ajena, a la que lo único que le tengo que agradecer, es que me diera la oportunidad de entender por qué no llevaba un hombre dentro y de aprender a desaparecer como un insecto en el barro. Ese encuentro fue el causante de este periplo eterno, pero mereció la pena. Tú regresabas y yo recuperaba a mi héroe de la tapia…

Calicha Y regresé porque quise. Ya era veterano y podría haber elegido cualquier otro sitio para derramar mi sangre. Pero no, fui allí, dónde tú estabas. Voluntariamente llegué a ese inhóspito rincón para convertirme de nuevo en tu esclavo encadenándome otra vez a ti.

Retal Te vi desde la distancia, pero no me atreví a acercarme. Luego nos cruzamos varias veces pero nunca me miraste. Y no me importó. Sabía que el reencuentro se daría y no te molesté. Pero estaba ansioso de ti. Fue mucho tiempo sin verte, estaba sin noticias y quería preguntarte muchas cosas… Quería saber si era verdad que los abuelos murieron de aquella forma tan espantosa, si mi madre había dado señales de vida, que qué tal estaba la gente del pueblo… Y, sobre todo, si sabías contra quién nos jugábamos la vida y si esa guerra merecía nuestra sangre.

Calicha Ninguna guerra merece la sangre de nadie.

Retal Pues esa guerra no solo se llevó la de tu pie, también se llevó la mía. Sí. Una mañana de reconocimiento una bala se cruzó en mi camino y me abrió las puertas de este limbo donde ahora me encuentro. (*Silencio.*) No sufrí nada. Fue tan rápido que no me di cuenta. No hubo ni luz blanca al final del pasillo ni ninguna zarandaja de las que nos hacían creer. Solo noté un ligero zumbido, como si algo cortase el aire, y sentí una punzada caliente por debajo del casco. Yo era un tirador experto y me pagaron con mi misma moneda.

CALICHA Actor. Eso es. Llevo un rato pensándolo y he dado con ello: actor. Ese es el hombre que deberías haber llevado dentro. Sí. Un hombre que pudiera haber sido uno y todos a la vez. Uno que pudiera tener el poder de ser todos los hombres posibles. Y, lo que es mejor: un hombre que no tenía que serlo, sino parecerlo… ¿Tengo que decirte que lo siento? Creo que no… Me ha gustado saber cómo te fuiste de aquel mundo. Ese tiempo ya pasó, ¿no?... en fin… Claro que sabía lo de los abuelos. Pero no así sobre tu madre y, mucho menos, para qué servía aquella puta guerra parida solo para que nos matásemos entre nosotros. Esa puta guerra que nos separó, que nos hizo volver a reencontrarnos y que te mató. Sabía muchas cosas pero no podía decirte la verdad que necesitabas.

RETAL ¿No estás agotado de vagar? ¿No sientes que ya la llamada de la tierra es distinta? Yo sí y necesito que mis huesos reposen.

CALICHA ¿De verdad quieres que esta sea la última vez?

RETAL No deseo otra cosa.

CALICHA ¿Aunque signifique nuestro adiós definitivo?

RETAL La partida está agotada.

CALICHA Pues bien. Que las fosas se abran a nuestro definitivo reposo. Pero te advierto que la verdad puede doler.

RETAL El dolor ya no puede afectarme. Él y yo somos viejos amigos.

CALICHA ¿Te acuerdas cuando nuestro escuadrón llegó a ese pueblo perdido, donde solo había mujeres, viejos y niños? Era un día tranquilo y llegamos hablando de cosas distintas a las que solíamos hacerlo en las trincheras. Aquel pueblo parecía estar muerto y sin ningún peligro aparente a su alrededor. Así que nos pusimos a beber hasta saciarnos. Los hombres miraban a las mujeres del pueblo y estaban deseosos de soltar otros deseos distintos a los de beber. Entonces, tú propusiste que aprovecháramos y que buscáramos con quien saciarlos. Pero, tú y yo, en realidad, no deseábamos estar con otra gente. Queríamos estar solos el uno con el otro. Lo sentía por cómo nos mirábamos; nos desnudábamos con las miradas. Pero el alcohol había despertado mis deseos pero no mi sangre. Así que desistí, te dejé solo y me marché con los demás a buscar otro tipo de sosiego.

RETAL Me acuerdo que me quedé paralizado sin saber qué hacer. Pero, ¿sabes?, si hubiera podido, te habría seguido y me hubiera arrinconado junto a la puerta del cuarto que entraras, solo para oírte gozar, aunque lo hicieras con otro cuerpo que no era el mío. (*Silencio.*) Yo recuerdo otro día que llovió mucho. Tanto, que acabamos empapados y casi sepultados de barro en la trinchera. Dentro de aquel infierno, en un momento de sosiego, tú y los demás compañeros os reíais a carcajadas y bebíais sin parar hasta que caísteis en un estado de euforia. De un salto, tú, te quitaste el casco, la levita y toda la ropa quedándote totalmente desnudo. Estabas extasiado y te restregabas el pelo y la cara con la lluvia, como si te frotaras con jabón. Yo ya te había visto sin el uniforme pero, aquel día, no podía dejar de mirarte. Todo tu cuerpo era como imán para mí. Observaba tu espalda, tus brazos, tu pecho... y cómo te frotabas el cuerpo con tus manos. Esas manos hábiles que mi cuerpo sentía como si lo acariciara a él. Fue difícil ocultar mi deseo. Si no me llego a contener, hubiera caído en tus brazos.

CALICHA Lo hice para evadirnos de aquel continuo horror. Bueno y, también, para provocarte. No te puedo negar que disfruté viéndote cómo te excitabas y te escondías y como te morías de la vergüenza y no querías que nadie te viera en ese estado. Nunca entendí por qué tenías qué avergonzarte. Era yo quién se mostraba, quien se exponía, no tú. Y, además…

RETAL ¿Qué…?

CALICHA ¿Quieres saberlo?

Retal Claro.

Calicha Pues que me gustaba hacerlo. Sí. Era placentero ver cómo me deseabas y ver como aquello te hacía sufrir.

Retal Pero ese sufrimiento tenía un origen y un destino distintos. No fue lo peor.

Calicha ¿Qué lo fue entonces?

Retal La forma que acababan aquellos «espectáculos».

Calicha Que cada uno saciaba sus deseos como podía…

Retal Ya. Tú tampoco desperdiciabas la ocasión.

Calicha ¿Yo? Bueno… yo… La borrachera lo único que me pedía era dormir a pierna suelta.

Retal Ya. Sí. Dormir… Hasta que ese capitán se acercaba a tu saco y te despertaba para que lo acompañaras.

(Silencio.)

Calicha Vaya…

Retal ¿Creías que no lo sabía? Pensabas que dormía, pero yo veía cómo te asegurabas de que nadie estaba despierto y como salíais sigilosamente de la trinchera para perderos en el bosque bajo la negrura de la noche.

CALICHA Bueno... Era rutina del momento. Íbamos de ronda, eso es todo.

RETAL Una ronda que duraba casi toda la noche. Yo me quedaba esperando que volvieras con la cabeza llena de sucios pensamientos. Mi imaginación volaba y me hacía ver imágenes que me la taladraban entero. Odiaba aquellas horas que se hacían eternas. Eran puñaladas de celos que se me clavaban en las entrañas. Si hubiera tenido valor, habría matado a aquel tipo para que no te llevara más con él.

CALICHA Alguien tenía que velar por la seguridad de los demás.

RETAL No sigas negándolo... ya no hace falta. (*Silencio.*) Otro día, tú y los soldados, también borrachos de alcohol y deseo, empezasteis a sacar de las mochilas fotos de mujeres en postales y revistas. Todas desnudas y en mil posturas. Seguro que habría también de hombres, pero, en aquellos momentos, mostrarlas, hubiera sido de verdaderos valientes. Y viendo cómo mirabais las fotos con los ojos como platos y con los labios expectantes, algo se agitó dentro de mí. No supe si era la necesidad o el miedo de quedar en ridículo delante de todos. Al compás de canciones obscenas y de gritos desaforados, otra vez te desnudaste. Y, mirando las fotos, bailabas como imaginándote estar en una orgía. Al verte desnudo me tuve que contener para no haber ido hacia ti y haber tocado lentamente tu espalda hasta cansarme. Te miraba y me recreaba con cada pliegue de tu piel, con cada rincón de tu cuerpo. Con aquel misterio, entre tus piernas abiertas, riéndose de mi deseo y donde hubiera sucumbido eternamente… Me hubiera pasado toda una vida y toda una muerte cabalgando sobre tus nalgas. En ese momento la guerra no me importaba, ya no tenía sentido; mi batalla estaba allí… Mientras reíais, yo, avergonzado, no podía dejar de mirarte, de desear abrazarte, de saciar mí sed con tu piel y de secarte con mi boca. Al rato, llevados por el estado de embriaguez, los demás también se desnudaron y, entonces, sí que ya no sabía adónde mirar. Atónito contemplaba aquel carnaval de carne y de sexos al aire. Mi cuerpo me pedía unirme a aquel aquelarre dantesco, pero mi cabeza me aconsejaba que ocultara mi verdadera voluntad. Descontrolado y excitado fui huyendo de allí deseando que la tierra de la trinchera, fangosa por la lluvia, cayera y que parara aquella estúpida comedia y os enterrara a todos... Bueno… a todos no. A ti no. Yo quería que te salvaras para verte llorar de culpabilidad por la muerte de aquellos cuerpos incontables. Ese era tu castigo. Te lo merecías. Al fin y al cabo tú ideaste aquel circo de piel ardiendo donde el único dios eras tú.

CALICHA En esos momentos hubiera sido fácil mostrar mi parte oscura. Yo también sentía ganas y deseo. Pero no tenía valor para mostrarme tal y cómo era en verdad. Así que, como tú eras mi cara triste, mi verdadero rostro, yo no necesitaba mostrarme, solo fingir mientras por dentro disfrutaba de la desnudez de ellos y de ti. Ver cómo te escurrías de allí fue mi mayor diversión. Pero esos momentos estaban dedicados a ti y si me mostraba de aquella manera era para atormentarte. Yo miraba el cuerpo de los demás pero cerraba mis ojos y solo imaginaba el tuyo. Y me extasiaba pensando que eras más cobarde que yo, sabiendo que, en verdad, era lo contrario. Para disimularlo reía y gritaba como un desesperado mientras te veía huyendo despavorido con tus ojos enrojecidos. Y huías como una rata herida; caliente, pero herida. Aquel aquelarre de sexos al aire era la manera de demostrarte que se podía distraer a hombres siendo o no un hombre.

RETAL ¿Lo hiciste para atemorizarme o para ponerme a prueba?

CALICHA Lo hacía, porque, en el momento que desaparecías yo respiraba. Era incapaz de pedirte que salieras de mi vida, pero deseaba que me dejaras para ser yo y poder soñar de otra manera en aquel infierno de cobardes.

RETAL Soñar…

Calicha	Soñar, sí. Soñar. Lo que deseo ahora: soñar por siglos.

Retal	¿No soñabas entonces? Yo sí. Soñaba y me veía joven y cabalgando triunfante un caballo al que sentía como yegua. El mejor de la cuadra del batallón. Todos los escuadrones se cuadraban delante de mí como señal de respeto.

Calicha	Al menos en sueños conseguías respeto.

Retal	Tal vez por eso soñaba.

Calicha	Los sueños son solo eso: sueños. La realidad es otra. No tú cabalgando sobre una falsa yegua de hielo.

Retal	Lo sé. La realidad son las guerras y las batallas. La guerra continua en la que vivimos y donde combatimos en el mismo idioma pero sin hablarnos.

Calicha	Sí. La guerra donde hemos estado y donde hemos utilizado el arma más mortífera que el ser humano ha sido capaz de crear: matar sin hablar.

Retal	Y es que la guerra nunca debería ser la respuesta a una pregunta. Siempre debe quedar preguntas sin responder…

Calicha	¿Cómo cuales?

RETAL ¿Por qué se fue mi madre? *(Silencio.)* ¿Por qué me dejó allí? *(Silencio.)* ¿Quién me recogió aquel día que me mató sin hablar?

(Silencio.)

CALICHA Bueno, quizá aquella fuera una guerra sin bombas y sin palabras. *(Silencio.)* Aquella tarde que llegamos a aquel pueblo perdido, después de días de escarceos, sin comer ni beber, al que me referí antes…

RETAL Sí.

CALICHA ¿Si te hubiese hecho caso… y hubiera buscado otro cuerpo? ¿Qué habrías hecho?

RETAL Ya te lo dije: arrinconarme a tu lado solo para oírte gemir y disfrutar aunque no fuese conmigo.

CALICHA ¿No te hubiera importado que gozara con otra persona?

RETAL Sí, claro. Pero aquello no tenía remedio. Hubiera sido solo un cuerpo donde saciar tu sexo. ¿No era eso lo que hacías? En cambio, lo de esas noches en el campamento sí que me importaba. Aquello tenía nombre, rango y género.

CALICHA ¿Por qué siempre has hecho tuyas mis cosas y mis momentos?

RETAL Porque siempre fue así.

CALICHA Lástima de vidas desperdiciadas.

RETAL Sí. Pero las vivimos intensamente. Después de todo fue la época que nos tocó vivir y no podemos volver atrás ni cambiar nada. Lo que pasó en aquel campamento bien pudo ser de otra manera pero tú quisiste que fuera así. Aquel día de fuerte lluvia, me despertaste y, sin dejarme decir nada, me dijiste que ibas al otro batallón para curarte y que no me preocupara, que te esperara. Yo te noté nervioso el día anterior y había visto cómo habías preparado tu saco de forma diferente a la habitual, pero no te dije nada. Luego, me miraste muy fijamente y rápidamente te fuiste. Pero aún no habías salido cuando, un enjambre de bombas, empezó a caer dentro de la trinchera. Fue una masacre. No podíamos quedarnos allí y todos, mal pertrechados, tuvimos que escapar arrastrándonos por una pared de barro. Quién no quedó mirando al cielo, puedo huir en medio de aquella desesperada estampida, corriendo como ratas. Tú, más ágil, en forma, y a pesar de tu pie renqueante chorreando sangre, fuiste el primero en correr vereda abajo a toda prisa. Yo, en cambio, envuelto en barro, descalzo y casi a rastras, iba esquivando los muertos como podía sin poder seguirte el ritmo. Tú huías a toda prisa sin mirar atrás como asegurándote de que nadie te siguiera. A duras penas seguí el rastro de la sangre que desprendía tu bota hasta que comprendí que corrías de aquella manera porque alguien te estaba esperando. (*Silencio.*) Más tarde descubrí que fue el capitán que te despertaba por las noches, quien te esperaba para escapar juntos de aquella maldita madriguera. Te prometió que te sacaría de allí, ¿no?

CALICHA ¿De verdad necesitas que te lo cuente?

RETAL No, ya no hace falta. No es tiempo de entender sino de aceptar. Como pude, seguí el rastro de la sangre de tus gotas hasta caer agotado. Y, cuando desistí de buscarte, regresé arrastrándome de nuevo hasta la trinchera. Cuando llegué, lo único que quedaba allí eran cadáveres mutilados y parte de tu saco de dormir. Y fue curioso, estaba impregnado de tu sangre y el aire esparcía su olor dulzón por todos lados. Extenuado, me eché sobre él y allí me quedé dormido y soñé que te acariciaba en un adiós sin palabras y disfrutando la grata sensación de sentir tu sangre caliente correr entre tus piernas. Cuando desperté, lo único que vi fueron las huellas de mis pies desnudos sobre el barro. No eran pisadas claras, pero sí lo suficientes como para darme cuenta de que estaba descalzo porque tú, al final, te llevaste mis botas… Y me sentí feliz, ¿sabes? Por una vez te fui útil… Me senté en el suelo e intenté abrazar mis rodillas, pero una punzada de dolor me recorrió hasta la cadera y, fue entonces, cuando subí la tela vieja de mi pantalón y vi mi pierna. Estaba limpia. Era mi cuerpo, no era el tuyo. Y levanté la cara al cielo esperando volver a verte arriba de aquella tapia, fumando, sin importarte lo que dijeran. Pero miré mis manos y estaban manchadas de sangre.

(*Silencio.*)

Calicha Pero ya no hay sangre.

Retal No... Ya no habrá botas ni fusiles aunque queden guerras por zanjar.

Calicha Y ya las botas no me harán más daño y no me dolerán los pies.

Retal ¿No era a mí a quien le dolía?

Calicha Creo que a quien le dolía el pie era a mí y no a ti.

Retal Eran mis botas las que te hacían sangrar.

Calicha Era yo el que sangraba.

Retal No eras tú. El que sangraba era yo.

Calicha Qué más da. Al final los dos quedamos gangrenados por una sangre que no era la nuestra. Pero, tranquilo, aquella era mi sangre. Jamás necesité otra por mis venas. Y ahora la mía ya no la siento correr por mi cuerpo. Seguro que estaré tragando tierra. Ya noto como los dedos se me están quedando quebrados como los de un esqueleto de plástico.

RETAL Son huesos de almas en pena.

CALICHA De almas heridas.

RETAL Heridas por la huella del tiempo.

CALICHA ¿Sabes que me dolía verte como un muñeco roto cuando te pegaban por ser diferente? ¿Qué sufrí al saber cómo te maltrataron en aquellos campos de trigo? ¿Y que disfruté reventando a aquel monstruo que te mató el alma? Aquel que te contó la muerte de tus abuelos y te hirió por dentro y por fuera… Sí, fui yo. Yo fui aquella serpiente que brilló en la noche. (*Silencio.*) El capitán me esperaba. Después de una relación de intereses me prometió que me sacaría de aquella guerra estúpida y que buscaría cura para mi pie y una mejor vida para los dos. Y le creí. Pero nada de eso encontramos. Aprovechamos el bombardeo para escapar de allí en medio del caos y lo hice llevándome puestas tus botas y arrastrando mi pie gangrenado, sin darme cuenta de que lo que tenía enfermo, en verdad, era mi alma. Cuando llegué abajo de la montaña él me estaba esperando. La cosa ya se había calmado y emprendimos camino escondiéndonos por cada rincón. Anduvimos mucho rato hasta que una patrulla nos alcanzó y se encargó de quitarnos la vida a bayonetazos por desertores. Hubiera querido morir en mi tapia aunque hubiese sido fusilado contra ella. Pero fue en medio de un camino inhóspito donde quedé sepultado por una tierra que ni siquiera era la de aquella trinchera donde deseaste verme llorar. Fue en la misma tierra de las muchas cunetas perdidas y olvidadas que aún quedan por descubrir en los caminos de este país. Desde entonces, mi alma ha sido tan errante como la tuya.

Retal He recuperado a mi héroe cuando ya no lo necesito.

Calicha Caí de la tapia.

Retal Sí. Al fin puedo abrazar mis propios miedos. El tiempo cumplió con su misión.

Calicha El tiempo…

Retal El tiempo.

Calicha El tiempo de nuestro tiempo.

Retal El tiempo encrucijada de nuestros destinos.

Calicha El tiempo que nos cayó encima, nos machacó, nos maldijo, nos maltrató…

Retal Y que ahora por fin acaba.

CALICHA Ahora huiré hacia otras cunetas o a otras trincheras. Y tú cabalgarás sobre un caballo, o una yegua, qué más da. Pero hazlo donde te hagan sentir como mereces, donde puedas amar sin ruidos y sin llantos… Ah, y protegiéndote de los innombrables. Tú y yo pertenecemos al fondo de la misma tierra. Ahora descansemos aunque, ese olor dulzón de sangre de alma herida, no nos abandone nunca…. Hasta el último amanecer, quédate con mi aliento.

(Inicia la salida.)

RETAL Un instante más, por favor… Déjame que te haga la última pregunta. *(Calicha se vuelve.)* Ahora tengo el valor para hacerlo. ¿Eres… mi padre?

(Silencio.)

CALICHA No lo sé. Antes de que tú nacieras, tú madre, al igual que tú, solía mirarme desde la puerta de tu casa. Una noche, tu madre se decidió, se acercó, me buscó y me encontró. Y, borrachos de vino y deseo, estuvimos juntos satisfaciendo nuestros cuerpos hasta que el amanecer nos devolvió a la realidad. Desde aquella noche, y desde aquella tapia, esperé otros encuentros que no se produjeron. En cambio, veía cómo tu casa se convirtió en lugar de peregrinación de otros hombres que bebían, reían y peleaban… No sé cuantos pudieron entrar y salir durante ese tiempo, pero nunca sentí celos ni resquemor alguno; lo acepté como parte de mi sino. Cuando pasaron los días y tu madre se cubría la tripa con aquella toca gris, yo supe que iba a parir… Pero no sé quién es tu padre. No lo sé. Puedo ser yo entre diez, entre cien… Qué más da… Más tarde, la noche de tu parto, los gritos de tu madre abrían el cielo y a mí me partían el alma. No me pude contener, entré y corté tu cordón sin miraros a ninguno de los dos. Luego, la historia ya la conoces. Te protegí siendo un niño, te ayudé a salir de la infancia, te busqué, te encontré y me enamoré de ti en la juventud. Siempre supe que mi cuerpo deseaba de manera distinta que el de los demás, pero fuiste tú quien me lo demostraste. Y de nuevo te busqué, y de nuevo te encontré, pero mi castigo fue no poderte demostrar cómo te he adorado y deseado. No podía permitírmelo... Porque…si. Yo puedo serlo… Ese ha sido el calvario de nuestras almas.

(Y, como en un sueño, las almas se disipan.)

Pepe Bablé
Isabel Sánchez González
Cádiz, Junio 2024

Cubierta y diseño editorial: Éride, Diseño Gráfico
Dirección editorial: ángel jiménez

Primera edición: febrero, 2025

La tapia

Espronceda, 5
28003 Madrid

VdB®

ISBN: 978-84-19850-86-7
Depósito Legal: M-3601-2025
Diseño y preimpresión: Éride, Diseño Gráfico

La tapia

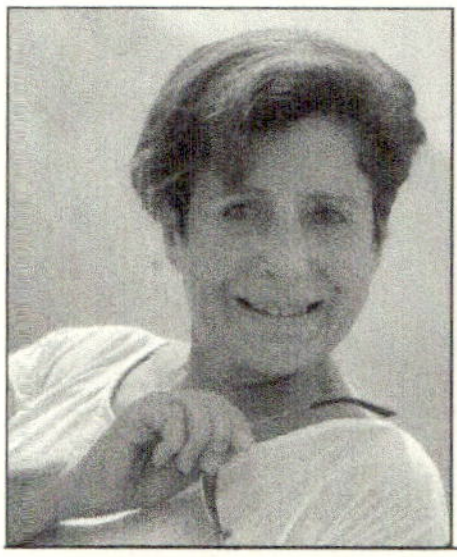 

Isabel Sánchez Gonzáez

Trabajadora Social en Hospital de San Carlos de San Fernando desde 1988 a 2022. Su formación teatral pasa por la academia «Juana la Loca», la Asociación de Teatro Amateur «Odisea Compañía Teatral», donde interpretó *Diálogo con una muñeca idiota* de Chatono Contreras, y la UCA.

La tapias es su primer relato y que tras la revisión y adaptación para el teatro en coatoría con Pepe Bablé se convierte en *Almas,* obra finalista en el primer certamen de Secuencia 3 para textos teatrales.

Las mujeres de Adán es su segunda obra. Actualmente está escribiendo dos textos *La otra lluvia* y *El viaje de mi hijo*. Reconoce que prefiere escribir y la dirección escénica mucho más que la interpretación.

Pepe Bablé Neira

Director de escena, actor, gestor, iluminador escénico y autor. Director del teatro La Tía Norica, del grupo Albanta y, hasta 2019, del Festival Iberoamericano de Teatro de Cádiz (FIT). Miembro de la Academia Española de las Artes Escénicas, de la Asociación de Directores de Escena de España, y de la Academia de las Artes Escénicas de Andalucía.

Isabel Sánchez González
Pepe Bablé Neira

VdB

Todos los amaneceres estaban hechos de los mismos retales de colores desde que llegaron a aquella cuneta, algo más honda que el resto del terreno y donde, sentados, la tierra les ocultaba casi hasta la cabeza.

Era allí donde habían decidido descansar y donde se quedaron. No hubo tiempo. Solo amaneceres abriendo el día desde donde no alcanzaban ver.

En un amanecer, teñido de gris como su propio rostro, uno de los dos hombres se marchó despidiéndose del otro con breves palabras. No dio una razón, no prometió si volvería. Lo único que le pidió fue que lo esperara allí. Que esperara todo lo que pudiera. Todo lo que la soledad soportara. Quizás con la fiebre no pudo expresarlo mejor. Sabía que era inútil hablar de tiempo. Hacía mucho que no existía. Se fue de aquella cuneta dejándolo medio dormido, con los ojos entrecerrados, palpando a tientas con las manos la sangre que él iba dejando al andar.

El tiempo pudo pasar o no. Los amaneceres podrían haberse sucedido uno tras otro o haberse congelado como la imagen de su compañero desapareciendo en la niebla.

Dormitaba a ratos. Salía a estirar las piernas casi sin poder controlarlas. Sabía dónde corría un arroyo minúsculo y en qué lugar crecían raíces que le recordaban que aún sabía masticar.

Esperó. Sin tiempo. Solo amaneceres.

Uno de esos días, uno de esos que parecía igual que todos, lo despertó un ruido distinto. Todos los sonidos los tenía estudiados, pero ese no. Era un ruido leve, casi familiar, pero no consiguió reconocerlo en ese momento. Se sobresaltó y, de un solo movimiento, se puso de rodillas. La cabeza y los hombros le sobresalían de la de aquel escondite que se había trabajado a base de tiempo e ingenio intentando que no se pareciera a una de esas trincheras que quedaron atrás. ¿Cuánto tiempo ya?… miró con los ojos entrecerrados intentando ver todos los sitios a la vez, como un camaleón alerta. En un primer momento no supo qué hacer, pero, después, le arrancó la voz. Primero ahogada, después más confiada, más fuerte. Preguntó ansioso:

—¿Eres tú? Dime, ¿eres tú? Dime que sí… Dime que ya has llegado. Vamos… no me gastes bromas. Llevo mucho tiempo esperando… Me dijiste que volverías y ya no sé cuánto ha pasado. Nacen las lunas, nacen los soles y tú no llegas. —Su voz empezó a tomar un leve deje de desamparo y como un niño protestó—. No sé por qué me haces esto… Cuando te fuiste aquella mañana, llevabas muchos días sangrando. Yo te decía que tenías la cara pálida y tú, haciendo como que no me oías, mirabas mis uñas y me reprochabas que no me lavaba bien… Otro día, dijiste, en voz muy baja, que no soportabas más el dolor. Quise darte mis botas… Eran más grandes. Pero me apartaste. No querías contarme de dónde venía tu dolor y tu sangre, pero yo te observaba y te veía cojear. No quisiste mis botas. Después, ya dio igual.

De pronto, del fondo, en la niebla del amanecer, apareció una figura andando hacía él, muy despacio, hasta colocarse justo detrás. Su voz sonó honda, cercana, pero tan fría como siempre. La notó. Notó su cercanía y dio una

vuelta alrededor de sí mismo. No había nadie… Pero esa era su voz y lo oyó con claridad.

—Qué quieres ahora? Sigues y sigues llamándome. No te voy a contar mi vida por mucho que lo ruegues. No voy a dejar que me sigas hurgando por dentro. Quizás salga de ahí mi apodo… «Calicha»… Rascas y rascas hasta arrancarme lo que alguien llamó alma. ¿No te das cuenta que quiero evitar saber si sigues aquí?

Él no quería hacerle ver que había estado al borde de la locura y contestó intentando mostrar indiferencia.

—Una mañana te fuiste muy temprano. Me dijiste que no me moviera de aquí y lo he hecho porque sabía que volverías. No soy yo el que te llamó… solo espero.

—Tuve que irme —replicó con fuerza Calicha—, mi yo entero estaba enfermo. Si yo me iba, quizá tú pudieras salvarte. Ahora, ya ni quiero interesarme. Ha sido muy largo el camino.

Retal, que así llamaban al joven en la aldea, insistió. Siempre insistía hasta el hartazgo. No importaba si no lo miraba e incluso si hacía que no lo escuchaba.

—Me dijiste que esperara, y eso he hecho. Dime si esto es una broma porque yo ya no tengo sorpresas para ti.

Tras una leve sonrisa, más de desesperación que de asombro, Calicha, sobrenombre que el abuelo de Retal le puso al joven de la tapia, exclamó.

—No busques emociones donde no las hubo. No inventes el cariño que nunca te tuve. Aguanté tus llantos, tus miedos… Aguanté tus pesadillas y tus abrazos no deseados hasta que pude huir. No sé cómo, pero huí. Te volviste un parásito de mi tiempo. Yo no te necesitaba. Tú entraste en mi vida. ¡¡Maldito momento!!

Estas últimas palabras de Calicha le retumbaron hasta en los más íntimo provocando que casi le gritara:

—¡Para! ¡Tampoco fuiste imprescindible! No he pasado hambre. Me escondo siempre en las zanjas, en las cuevas y no me han descubierto.

Calicha miró a Retal y, por un segundo, la ternura, que pareció descubrirse en su rostro, enseguida se transformó en amargura y su respuesta sonó en el aire como si lo cortara con un estilete helado y certero.

—Si por un momento supieras bajar de tu mundo, y mirar alrededor, dejarías de poner esa mueca de muñeco feliz. Sabes que no hay motivo para reír.

Retal se volvió enfurecido y, con la ira contenida, respondió.

—No vuelvas a decirme que no me ría. —Casi le gritó—. Hoy estoy feliz… Sé que estás cerca y que esta vez sí vas a darme un abrazo. No ha venido nadie desde que te fuiste. Ha sido un tiempo muy oscuro. A veces notaba que sangraban unas luces del cielo. Hacía mucho frío. Una vez empezó a caer mucha lluvia. Parecía que el infinito se iba a abrir y llegaría el principio del mundo. Sí, aquello tenía que ser un gran principio, todo se iluminaba como un parto. Parecía que algo quería echarme de aquí a patadas. No sé si todo pasó porque tú no estabas. Quizá olió tu sangre. Yo, todavía, la huelo si me acerco a donde dormías. Pensé que si esa tormenta volvía yo sería más valiente y gritaría que me dejara en paz. Es la verdad. Nunca más, en este tiempo, se ha vuelto a abrir el cielo. Si ocurre, ¿hablarás? ¿O no…? Esa manía tuya de no hablar.

Respiró hondo para proseguir.

—Ahora estoy aquí. Aparecerás por el camino y me harás las mismas preguntas. Me encontrarás con más surcos en la cara. Yo no tendré nada que contarte porque mi reloj del tiempo no funciona y eso me da mucha tristeza. Cuando tú estabas aquí y yo volvía hasta los ojos de

masticar tierra de patadas, con saliva pegajosa por la cara, me preguntabas si me había dejado insultar otra vez y si no iba a reaccionar nunca. Yo te mentía. Te decía que eran muchos para una sola persona, que me habían cogido mientras dormía en algún túnel oscuro y me habían pateado. Que podían haberme matado. Pero yo siempre estaba convencido de que tú me protegías desde donde estabas, como aquel día que me quitaron mi pelota de trapo. —Y cayó en un letargo preñado de tristeza y de recuerdos.

Calicha, por otra parte, no quería sucumbir a la ofensiva que Retal le ofrecía para que los recuerdos aflorasen y se mantenía reacio a entrar en ese juego donde el cruce de frases recurrentes ocupara el espacio que el lamento les tenía reservado. No obstante, a pesar de no querer hacerlo, musitó.

—Para mí no existías. Aunque estuvieras a mi lado. Ni tú, ni tus botas, ni tus caricias, ni tus lágrimas. Para mí murió todo lo que tenía que ver contigo. Y no lo veas tan complicado. Es más fácil de lo que parece. Yo no necesitaba a nadie y tú te habías convertido en un muñón. Un estúpido muñón.

Esto último salió de su boca con la fuerza de un huracán.

—No me importa lo que digas ahora. Si hubieras querido echarme podías haberlo hecho. Pero me dejabas caminar unos pasos detrás de ti. No decías nada, solo como si yo fuese una sombra impertinente enganchado a tus zapatos gastados. Sí, después, no sé en qué momento, dejaste de verme. —Casi le escupió Retal poniendo toda el alma en sus palabras.

La noche cobijaba todavía a las dos sombras y la poca luz del sol, que aún no había empezado a asomar su corona, se mezcló cayendo sobre ellos. Se creaba la atmósfera

adecuada para que cada cual ocupara el espacio que le correspondía sin estorbar al otro. Calicha, daba pasos de izquierda a derecha como un perro inquieto. A veces pareciera que se iba a topar de bruces con Retal. Pero, cuando esto ocurría, una fuerza extraña, casi mágica, les hacía repelerse. Así, justo a su lado, sin rozarlo, cabizbajo, Calicha se llevó la mano a la cara justo en el momento que Retal murmuró.

—En el fondo, estábamos tan a la deriva, que sentir mi desconsuelo era tu consuelo. ¿Estás ahí? ¿Es tu risa? No. No eres tú. Si lo fueras ya me habrías abrazado.

Calicha, casi rozando la cara de Retal, soltó una carcajada rotunda. Retal lo miró tan desafiante que Calicha no pudo más que contestarle.

—Me río. En el fondo de todo esto me río. Esto solo ha sido un cuerpo a cuerpo apagando tu llanto mientras yo miraba las estrellas en aquella tapia sucia donde me condenaste a quedarme. —Una voz lastimera le salió de lo más profundo de su alma—. ¿No te has dado cuenta de que todos los sitios donde te encontraba me rodeaban de ruina?

Y, como si las palabras le pesaran más que su propia vida, calló y vaciló si desaparecer, o seguir con aquel juego de frases punzantes que, como bien sabía, no iba a conducir a ningún lado.

Retal, no obstante, seguía hiriéndolo entre recuerdos.

—¿Sabes de qué me acabo de acordar? Mi abuelo se enfadaba mucho cuando sabía que yo pasaba horas observándote. Se enfadaba tanto que un día me dijo que si no me había dado cuenta de que parecías un pedazo de cal vieja pegado en la pared. Es por eso que te llamó Calicha. Ese pedazo de calicha cualquier día se va a caer de esa tapia ruinosa —decía.

—No me extraña que tu abuelo opinara eso de casi todos los hombres de la aldea… y hasta del pueblo —contestó Calicha con dolor, pero entrando de nuevo en el juego—. No quiero provocarte la angustia de saber el porqué. De todas formas, quizás, si él viviera ahora pensaría de otra forma. El pedazo de calicha se mantuvo pegado a la pared en vez de desaparecer de lo que tuviera que ver con esa tapia y esa aldea.

Y sabiendo que era una afrenta, esperó una respuesta certera y precisa que no llegó porque Retal hizo como que no escuchaba. La única satisfacción ahora para Retal era decirle todo lo que se le venía a la memoria, todo lo que recordaba y que pudiera hacerle daño.

—Todos los ruidos me parecen tus pisadas. Pero no. Recuerdo que al irte en aquel amanecer, arrastrabas tu pie negro. Muchas veces te subías la pernera del pantalón y la mirabas en silencio. Una vez pude ver hasta dónde llegaba la mancha oscura, como una tormenta. Mal me lo estás poniendo —dijiste—. Pareces lluvia avanzando despacio. Pero eres una sombra donde no busco rostros, porque vomitas dolor. Dolor. ¿Sabes cuánta amargura sentí al escucharte? No te gustaba que nadie supiera que tú también tenías miedo. No sé dónde habrás ido. Si te hubieras quedado aquí conmigo te habría cuidado. Te habrías puesto mis botas y podrías haber andado sin arrastrar tu pie. Sí, yo te habría cuidado como tú me cuidaste de aquellas fiebres que casi acaban conmigo. ¿O acabaron? Sé que mis botas son viejas. Las tengo desde que volvimos del frente pero nunca te confesé que en el saco tengo otras que se las quité a un cuerpo muerto porque sabía que dirías que eso traería mala suerte.

Calicha saltó como una fiera herida. Las palabras le salían a borbotones y con un matiz de laceración profunda.

—¿Por qué has creído siempre que mi dolor es tu dolor? ¿Por qué esa necesidad tuya de ser yo, de intentar apoderarte de lo que necesito, de lo que deseo? Si pudiera hacerte desaparecer no me cabría la duda. Pero sé que ni aun así dejarías de llamarme en tus gemidos de muñeco estúpido.

Esta respuesta hizo mella en Retal pese a que seguía demostrando que nada de lo que le decía Calicha le hería. Sin embargo, por dentro, se le abría una herida de bilis y armándose de una tranquilidad ficticia, le contestó.

—Tú crees que esperar es lo único que nos traerá grandes noticias. ¿Por eso te fuiste dejándome aquí? ¿Para que fuese yo quien te contara las buenas noticias? ¿Así me sentiría útil para ti? Útil para ti.

Calicha, sin reserva, levantó la cabeza al cielo donde el rey sol ya estaba fuera, observando la escena de vida y muerte. Allí, donde nunca pasaba nada.

—Creí que no hacía falta explicártelo otra vez… —contestó Calicha intentando retomar su tono pacífico—. ¿Acaso fui yo quien cortó tu cordón y así te apoderaste de mí?… Si es así, óyeme. No quise cortarlo. Así te habrías quedado vagando… y nadie sabría en qué tierra, en qué limbo, en qué infierno, en qué otros partos… Cortar tu cordón fue como firmar un compromiso eterno contigo. Debí haberte ahogado con ese maldito cordón y dejar que otro pagara esa pena por mí.

Retal se tapó la cara con las manos, quizás imaginando aquel parto de agonía. Y, como una válvula de escape que se abriera, farfulló disimulando no haber oído aquello que tanto daño le estaba causando por dentro.

—Maldito pie. Maldita bota. Quiero seguir viéndote mirando el amanecer. Cuando cae la noche también me gusta sentirte cerca. Te fuiste porque no querías que yo te

viera sufrir. Pero, sin ti, el dolor es más grande. Un dolor que me va bosando. No sé cuántas horas pasan. Ya he perdido la cuenta. Yo hacía muescas en una piedra que hace tiempo que no la veo. Creo que huyó aquella noche de humedad oscura. También yo habría escapado corriendo si no fuera porque todas las piedras se amontonaron conmigo.

Desde que Retal tuvo noción de su vida, recordaba aquella aldea de tres callejuelas donde se agolpaban las casas de lata. Callejuelas empinadas que, desde arriba, solo ofrecían desolación. El pueblo más cercano era inalcanzable para él. No había sueños, pues no los conocía. Muchas veces, las pandillas de chicos del pueblo aparecían por abajo como cuatreros del oeste. Las camisas blancas, los brazos abiertos, el pelo casi rapado, rastreando las esquinas, buscando ser dueños de algo. Con esa ansiedad de llegar a vivir antes que llegara su tiempo. Desde aquella aldea, esperando, siempre esperando, se agolpaba la miseria.

Tal vez nadie supiera vivir y se le sobrepusieran unos años sobre otros.

—¿Recuerdas cuando vivíamos en aquella aldea? —La voz de Retal sacó a Calicha de sus recuerdos más angustiosos—. Yo tenía una pelota de trapo. Tú siempre estabas encima de aquella tapia. Fumabas. Eras muy valiente. Yo no lo era. Cuando venían aquellos niños a buscarme, bien vestidos, con botas de cuero y aquellas camisas tan blancas, desde el final de la callejuela, yo echaba a correr y me escondía donde estaban los cerdos del vecino, sudando, oliendo a estiércol y apartando a las bestias que se acercaban con sus hocicos mugrientos como si quisieran destrozarme entre la basura. Esperaba allí hasta que se iban. Pero ese día, yo estaba distraído con mi pelota, y no los vi llegar. No los vi llegar. Me empujaron.

Retal hizo una pausa sentida para tomar aliento y ordenar su corazón y sus pensamientos. Calicha callaba y asentía cuando algún recuerdo coincidía con el suyo de aquellos momentos reales. Tan reales que no los creía. Retal, prosiguió.

—Tiraron la pelota al fango y la pisotearon. No fui valiente. Solo intenté escaparme y esconderme entre los cerdos, pero ni eso me dejaron. Gritaban que me iban a hacer lo mismo que con la pelota. Entonces, bajaste de la tapia. Y, antes de que te vieran llegar, me habías levantado del fango con una mano y les dijiste muy despacio que esperabas que nadie quisiera tener problemas. Te miraron con burla. No agachaste la cabeza. Tú siempre mirabas a los ojos, con los brazos cruzados. Y, como si hubiera aparecido el diablo, se fueron apartando. ¿Te acuerdas? Se fueron. Tú no me miraste. Pero, al darte la vuelta, dijiste en voz baja: «recuerda: no voy a estar aquí siempre para ayudarte».

Y este último testimonio salió de la boca de Retal, susurrado, a la vez, por Calicha.

Calicha odia esos recuerdos para él inacabados y odia esos momentos en los que Retal se vuelve lánguido, como interpretando un papel que le fascina, pero que Calicha odia. Y, con ese odio concentrado aún más por el recuerdo vivido de aquellos momentos, exclamó.

—Solo estuve un momento para defenderte. Maldito momento. Te volviste un parásito de mi soledad. ¿No entiendes que ni entonces, ni ahora, necesito a nadie que me siga? Y otra vez te pregunto ¿qué quieres de mí? ¿Acaso todavía me lo estás agradeciendo?

Retal, sin pensárselo dos veces, se enfrentó con una frase lapidaria y precisa.

—¿Y yo?... Dime... ¿Tengo yo la culpa? No sabía quién eras. Solo sé que parecías haber salido de otra historia.

Calicha, ya más tranquilo, siguió.

—Yo no nací para ser nada tuyo. Ni siquiera para defenderte… Y, sin embargo, algo me tenía tan tremendamente comulgando contigo que, por mucho que intenté huir, el destino me tenía clavado a ti casi desde que nacimos. Ahora sé que existe el más allá. Por la tierra que trago sé que existe. Déjame en paz escupir mi propio barro.

Retal se enfrentó como nunca antes lo había hecho.

—Y, entonces, ¿qué puedo hacer ahora? Yo ya no me alejaba de ti. Yo siempre fui cobarde. Lloraba. Siempre lloraba y te buscaba como un animal en celo. Tenía que saber dónde estabas o mi cuerpo temblaba como si estuviera hecho de miedo. No me importaba que me vieran. Me sentaba en el suelo y rodeaba mis piernas con los brazos agachando la cabeza entre las rodillas y, ahí, torturándome de angustia, solo podía esperar que, a la luz del día, tú estuvieras en el sitio de siempre. Pasaban las noches enteras sin moverme. Nunca deseé que nadie viniera por mí —Respiró hondo y, bajando el tono de su voz y de sus pensamientos, siguió con su testimonio—. Al escuchar ruidos, te buscaba como solo yo te he visto buscar a alguien que no era yo… Decían que mi madre se fue una madrugada y me dejó durmiendo en el camastro de la habitación cuando yo tendría un año. También decían que alguien llegó y me encontró chorreando orina y lágrimas… no sé si de soledad o de miedo. No sé qué pasó, tampoco cuánto tiempo pasó. Sabes que para mí es difícil llevar la cuenta de las horas. Contaban que alguien llegó y me sacó de casa como un hatillo. Ya era de noche; muy oscuro. No sé tampoco dónde me olvidó como un bulto quieto. Con el tiempo, alguien a quién llamé abuela, me dijo que, sin ni siquiera llamar, me había dejado en su puerta y que no volvió jamás. Mucho después mi abuelo me contó, y con

mucho orgullo, que yo estaba allí porque mi madre necesitaba salir de aquella aldea, porque quería llegar a alguna ciudad donde poder trabajar para ser alguien. Mi abuelo decía que en aquellos tiempos convulsos de idas y venidas de ideas, fricciones y hambre, la República le había abierto las ideas y se dio cuenta de que en la aldea ya no cabían. Quería descubrir si de verdad, fuera de aquellas callejuelas, existían las ilusiones. Ellos eran como espectros que sobrevivían entre ratas. La guerra los encontró así.

—Tu madre se fue. Quizás hoy esté viva. —La voz de Calicha retumbó en medio de ese desierto seco en que se había convertido la cabeza de Retal al hablar del recuerdo de su madre—. Tu madre fue valiente —siguió Calicha relatando—. Quiso otra vida. Necesitaba saber qué había más allá de aquellas callejuelas llenas de basura, y desapareció. No te llevó porque quizás llevarte hubiera sido tu muerte. No quiero hablar más de tu madre. Tampoco deberías torturarte pensando qué habría podido ser si no se hubiera ido. Y si tampoco te gustara saber toda la verdad. Deja las cosas llegar a su tiempo.

Retal mordió el silencio. Él podía ser su héroe, pero su madre era su sangre. También él podría sentirse orgulloso de ella si supiera donde estaba. Sin embargo, sabía que Calicha seguiría sin hablar.

Retal, como queriendo deshacer una hebra torcida de recuerdos, siguió.

—Desde esa puerta, donde yo pasaba horas, donde te veía en la tapia. Siempre sin hablar. Fumando. Como si no escucharas. Pero desde donde observabas con los ojos entrecerrados y las pestañas casi enredadas en tus párpados. ¿De dónde habían salido esos ojos que lo veían todo casi sin mirar? —Calicha le acercó las manos muy cerca

de la cara, sin rozarlo y elevó el tono de voz—. ¿No te has preguntado nunca, que estos ojos, este yo entero, tuvo padres como tú? ¿Que también me sentí dentro del pozo de la soledad como te sentiste tú? Quizás no supe reconocer el cariño, o tal vez no era el que yo necesitaba; ¿pero estuvieron? Estuvieron todo el tiempo hasta que fui yo el que desapareció y cambié la vida por aquella tapia. ¿Por qué esas coincidencias? Yo nunca quise encontrarme contigo. Solo vivías para hacerme dudar. Me volví un infeliz… Yo no te necesitaba. Tú fuiste el muñeco de trapo que nadie hizo para mí. Esa puta posibilidad de ser. Eso te describe mejor que nada. Una posibilidad de ser. Ser un retal de sentimientos.

Retal, al oír aquello, no supo cómo reaccionar. Se volvió hacia el eco y con voz cargada de toda la inocencia de un niño, le dijo.

—¿Ves? Tengo que preguntártelo todo para saber algo de ti. ¿También tu madre te abandonó? ¿Te dejó temblando de miedo? ¿A ti también te sacaron de la cama y te levantaron en el aire para subirte en un carro cargado de espigas?

Lanzó esas preguntas al aire esperando respuestas, pero, el aire, solo le trajo bruma. Así que, consternado y taciturno, emprendió de nuevo su batalla contra el silencio.

—Lo último que recuerdo fue lo que mi abuelo dijo: «tienes que hacerte un hombre, recuérdalo. Debes sentirte y hacerte un hombre o la vida te tratará muy mal. No pude hacer nada antes ni puedo hacerlo por ti. Pero sé fuerte. Más que ningún otro». Aún no soy un hombre, abuelo —le dije—, todavía no soy un hombre. Los hombres son héroes encima de las tapias; yo no seré nunca un héroe… Pero ¿por qué no me explicas cómo puedo ser un hombre, abuelo? No fue él. —Volvió a mirar hacia la voz—. Tú me

dejaste ir. Aquella madrugada sé que estabas entre las sombras. Tu cigarro se alumbró como una despedida. Y mi héroe se quedó en la tapia mientras el carro crujía entre las piedras. Ya no volví jamás por la aldea.

En aquellos tiempos, el carro pasaba por las callejuelas una o dos veces al año. El tiempo suficiente para que algunos niños hubieran cumplido la edad justa para trabajar y valerse por sí mismos. Niños de la aldea que rondaban los seis o siete años y eran recogidos por aquel carro desvencijado que traqueteaba sobre las piedras inmensas que rodeaban los pueblos. Eran los propios padres los que acordaban dejarlos ir antes de que la miseria se los comiera entre piojos. Esos niños no volvían. Podían hacerse mayores, y salir para otros caminos, o podían quedarse hasta que el cuerpo se les doblaba del trabajo y el aguardiente, y eran reemplazados por los más jóvenes. Retal, que se había quedado colgado del recuerdo de ese día, prosiguió.

—A mi alrededor, había más cuerpos minúsculos con caras de susto. No los conté. No sé contar. Se miraban con los ojos grandes. Los más grandes que he visto jamás. Una voz de mayor, bramó con tono burlón preguntando quién conocía el trabajo en el campo. Nadie contestó. Fue ahí donde me di cuenta de que yo ya era mayor. Fue mucho rato de camino en ese carro clavándonos las espigas en las piernas. Un tipo con sombrero de paja nos dijo que bajáramos rápido, llevándonos en fila a empujones hasta una casa enorme y vieja. Nos gritó que viviríamos allí. Vivir, lo llamó. «Pero no creáis que venís solo a comer, dormir y vaguear —rugió—, aquí hay que trabajar desde antes de la salida del sol. Y el que no trabaje no comerá». Los repartieron por el campo. Los hombres segaban trigo, apartándolo en las veredas, y una hilera de niños mocosos muertos de frío, corrían detrás atándolas como podían con

las manos cuarteadas. Luego, los cargabans en los hombros y lo llevaban a unos carros enormes. El tiempo se hizo más eterno que nunca. Sonó una campana y miramos con asombro. Alguien, que me pareció un gigante, empezó a hacemos gestos con las manos: «rápido, rápido —decía a gritos—, rápido o no hay comida». Aquellas mesas eran largas de madera, antiguas, en las que se evidenciaba que habían intentado dibujar rayas con las uñas. En ellas se sentaban los muchachos, después de haber guardado filas con unos cuencos de lata, en las que les servían unas patatas hervidas nadando en agua blanca. Yo no me atrevía casi a moverme —musitó Retal—. Me senté en una esquina, flaco, pequeño, y miré mi comida. Intenté quitarle la piel a las patatas con los dedos y, enseguida, desde otras mesas, empezaron a reír y a gritar: «vaya con la nenita. Ya te acordarás después de la piel de las patatas. No vas a comer hasta mañana y esa piel también mata el hambre». Y seguían riendo. Yo había apartado la piel en un lado del cuenco y, de un brinco, alguien las cogió, se llevó la mano a la boca con el gesto de que me callara y se las comió. Ese fue el primer y último día que dejé la piel… A la hora de dormir, el estómago me hacía el ruido de los cerdos del vecino cuando tenían hambre. Ahora ya sabes por qué siempre me como las patatas a mordiscos y no como tú.

Después de un tiempo el carro volvió una mañana con otros diez o doce chicos pequeñajos y asustados. El hombre del sombrero de paja los dirigía como animales. Retal, notó que en un momento le clavó los ojos como dos dardos y se le acercó y le tocó con el bastón en el hombro.

El tipo graznó diciéndome: «oye, yo te traje desde la aldea del río, y yo le miré con la misma esperanza que puede salir de una mirada esperando un milagro…». «Sí,

dije con la voz tan apagada que ni siquiera yo me escuché». Pero aquella bestia continuó masticando palabras: «¿y no te has enterado de que el viejo murió hace bastantes días? Los vecinos tuvieron que tirar la puerta abajo porque las ratas empezaron a entrar por las rendijas. La vieja también estaba muerta». Tronó de nuevo la voz del monstruo. «Vaya festín se han dado las muy putas. Uno o dos días más y se evita el entierro». Y se volvió riendo muy fuerte... Como si él hubiera hecho un pacto con el diablo para ser eterno. En aquel momento, me sentí como pudo sentirse alguien a quién vacían de un zarpazo. Como si me hubieran cortado los brazos. Y odié a aquel monstruo con sombrero de paja y bastón. Al mes de aquello, contaron que el caballo que tiraba del su carromato de aquel tipo se asustó de madrugada con una culebra que brilló como un guiño a la noche. El caballo, levantando las patas delanteras, resbaló y cayó junto con el carro como una tonelada de losas encima del hombre del sombrero, reventándolo casi como habían quedado mis abuelos. Lo encontraron al mediodía todavía agonizante al sol, con las tripas comidas por los perros.

Retal, después de estar absorto en este pensamiento, como queriendo que aquella sombra que le acompañaba desde hace rato lo oyera, exclamó de nuevo al vacío:

—O quizás fueron las ratas. Seguro que en su pacto con el más allá escatimó alguna condición. Sería la humana, porque ni el propio diablo quiso hacer pactos con él. —Y volvió a pensar para él—. Pero yo respiré hondo. Nunca me había cabido tanto aire en los pulmones.

Después de aquel suceso, pasaron los años y Retal fue adaptándose como todos los demás. A retazos. Sin embargo, a medida que crecía, no entendió porque los compañeros se fueron apartando y burlándose de él. Ahí no había

tapias para salvarlo. Por eso, no entendía por qué en ese momento se le venían a la memoria las palabras de su abuelo y sintió ganas de correr y buscarlo para decirle que tenía razón, que aquello era un infierno. Cómo le hubiera gustado poder contarle que, allí, en el campo, ya no lo dejaban dormir dentro de los barracones. Que tiraron su camastro fuera de él. Que no se podía lavar y que le echaban tierra en su plato de comida. Que los encargados se reían cuando lo acorralaban para pegarle y que nadie salía en su ayuda. Que tuvo que apañárselas solo. Esconderse. Y, que, a veces, amanecía lleno de moratones. Y, otras, inconsciente. Con la cara pintada y desnudo. Retal no llegó a entender eso hasta que poco tiempo después, en la pubertad, cuando la adolescencia hervía en su cuerpo y todo cambió como cambia el color del trigo. Tendría dieciséis años, cuando llegó un camión del ejército al amanecer.

Los despertaron a todos, los pusieron en filas y los fueron empujando a subir en él. Retal iba entre ellos.

—«Eh…tú. Despilfarro», me susurró uno de los encargados apartándome junto a una pared asegurándose antes de que nadie nos veía —contó Retal con la voz cortada—. «Te hemos dejado salir vivo para que sepas de verdad como tratan a un maricón en la guerra. ¿Nadie te dijo que naciste maricón?». Y rió mientras metía su mano en mi pantalón acercando mucho su boca llena de saliva blanca y espesa: «tu abuelo podía haberte avisado… Porque creo que eso lo traes en la sangre». Fue solo ahí cuando vió que el camión ya estaba cargando a los últimos hombres y me soltó dándome una patada. Yo me había observado durante esos últimos años, buscando el por qué me odiaban tanto —siguió hablando Retal en voz baja—, y sabía qué era lo que despertaba y lo que no, dentro de mi cuerpo. Fue en aquella época cuando me di

cuenta de que mis ademanes, mis movimientos y mi forma de reír, eran diferentes a los de los demás. Me asusté. Mis ojos hacia tiempo que se clavaban en cualquier joven que me llamara la atención. A partir de entonces me volví más miedoso, si cabe. Retraído, apartado siempre, haciendo como si estuviera ocupado en cosas de hombres. De los más hombres. Las últimas palabras que dijo aquel que se despidió de mí cuando monté en el camión, se me vinieron a la cabeza: «maricón. No hemos querido acabar contigo aquí pero en la guerra no te dejarán vivo».

—Tú abuelo prefirió mandarte lejos. —La voz de Calicha le trajo de nuevo al mundo de reproches y dudas de antes—. Él no quería perder a otro de su sangre. Contigo sintió miedo. Te llegó a conocer lo suficiente. Era un viejo listo. Sabía cómo sentías, cómo llorabas. Escuchaba por las noches tus lamentos y, sobre todo, te veía jugar. No. Tú no eras un niño de pegar patadas, ni siquiera a la pelota de trapo que te hizo. ¿Entiendes ahora que la hizo para protegerte? Él sabía que tú hubieras pretendido un muñeco al que abrazar y cuidar cómo no te habían cuidado a ti. Pero él con esa pelota te protegió a su manera.

En ese momento Retal sintió como si Calicha quisiera abrazarlo. Y hubiera sido el momento deseado para saciar el consuelo y el desconsuelo en que ambos se hallaban. Ese abrazo habría servido como un manto de sosiego sobre sus hombros. Quería escuchar, «tranquilo. Todo irá bien». Pero no. Retal no debía agarrarse a ninguna esperanza que no fuera creada por él mismo. Ahí descubrió quién era y el peligro que había corrido durante los años en aquellos campos. Y que correría siempre.

Sí. Claro que entendió a su abuelo cuando le dijo que no podía hacer nada por él y que tenía que ser valiente. Y,

sobre todo, cuando le dijo que tenía que sacar de dentro el hombre que salvaría su propia vida.

Pero él no llevaba un hombre dentro, ni tan siquiera cuando nació, ni cuando su madre lo abandonó, ni en los años siguientes. Él no llevaba un hombre dentro, ni quería. Y sumido en la tristeza de su aseveración, elevó su voz al cielo y gritó:

—¿Tú entiendes eso? —Y de nuevo, el eco de la caverna interior que le acompañaba le contestó—: No lo intentes. Tú no eres culpable. Yo he querido salir de mi propia vida, porque lo peor en este mundo no es una tapia, ni una pelota de trapo rota, ni siquiera una madre que se va… Lo peor en esta vida es estar dentro de ti y no ser capaz de demostrarte quién eres. He querido salir de mi propia vida y no he podido. No lo intentes. Solo te hará sentir más infeliz.

Retal miró asombrado a su alrededor y con rabia gritó:

—¿Quieres decirme, entonces, que desde el primer momento que me viste sabías que yo era diferente?… No soy diferente. Quise ser un hombre, como me dijo mi abuelo la última vez que lo vi. Pero todos no tenemos ese hombre tan útil, según la batalla, tan macho, según la mujer, o tan necesario según las ideas. Soy simplemente una persona. Una persona a la que no han dejado sacar fuera sus sentimientos porque era un pecado ser diferente.

Calicha, en vez de contestarle, prefirió callar.

Para Retal, todo aquello era tremendamente doloroso. Tremendo su pensamiento. Tremendo su egoísmo y tremendo él. Le hubiera gustado gritarle que no, que no era un hombre porque no le corría sangre por sus venas. Que había aprendido a vivir como un muerto desgraciado, esperando que le salvaran. Y, recordarle, que los maricas también son hombres. Que ¿qué más da cómo y a

quién desees? Qué más da con quién disfrutes si en el fondo fuera valiente. Es eso lo que quiso decirle su abuelo. No pudo hacer más por él.

El sol siguió subiendo quizás más despacio que otros días, asombrado, como si fuera el único testigo de esa escena vista desde su inmensidad. Ellos no seguían un diálogo lógico. La conversación saltaba de una esquina a otra en una figura geométrica no inventada, como saltarían las bolas de billar entre dos jugadores inexpertos. Un juego sin orden.

Retal y Calicha miraron al sol al mismo tiempo. Era más de medio día y no se habían movido del mismo sitio donde creyeron encontrarse.

Retal volvió a remontar sus recuerdos y cambiar el sentido de la conversación tal y como hacía siempre.

—¿Tú has pasado hambre? Yo sé que comes muy poco. Te pasabas el día pensando y mirabas mucho al cielo... Pero eso no quita el hambre. Bebías de la jarra de agua que cogíamos del arroyo y, muchos días, no necesitabas más. Yo no pasé hambre con mis abuelos. Mi abuela me arropaba contra su pecho y siempre tenía algún pedacito de carne guardada para mí. Y mi abuelo, por la mañana, antes de irse a trabajar, me acercaba un migajón de pan mojado en la sopa de su desayuno. No sé por qué, pero yo siempre tengo mucha hambre. Quisiera haber sido como tú y haber podido ordenar a mi estómago que callara; pero, para mí, es como un agujero donde una bestia muerde hasta que no se sacia. Nunca en mi vida lo he saciado. Tendría que confesarte tantas cosas... Aunque si ahora estás aquí conmigo, puede que tampoco lo haga tal vez por vergüenza. Mejor creer que, después de tantos años, algo nos amarra a ti y a mí... Quizás no quieras saber que en el fondo también eres un hombre diferente.

Calicha no quería seguir por ese camino. En el fondo Retal necesitaba un hilo al que atarse y él no podía ser. Pero cayó en la tentación y le contestó.

—¿Por qué no te fuiste? ¿Por qué aquel día no te fuiste a jugar con tu pelota de trapo a otro sitio? ¿Para hacerme sentir culpable hasta la eternidad de que yo podía bastarme sin ti? ¿Que tú no fueras mi conciencia? No me culpes. Eres tú y tu tristeza lo que me ha hecho huir.

Retal retomó su monólogo como si Calicha hubiera hablado para él mismo, ¿o tal vez habló para sí mismo?

—¿Tú piensas igual? Para qué pierdo el tiempo en preguntarte. ¿He estado contigo para lo bueno y para lo malo? ¿Dime qué es la amistad para ti?... ¿Una persona que te escucha, que sabe cuándo estás bien y cuáando estás mal?

Calicha intentaba soportar los ataques de Retal. Lo prefería así. Retal había cambiado desde que se fue. Calicha lo observaba y no lo vio como siempre. Su voz era más segura. Sus pasos sonaban incluso sin sonar. Sus ojos ya no miraban solo desde el sentimiento.

Retal se imponía al contraluz del sol. Calicha pensó que a pesar del tiempo a su lado Retal se las había jugado solo y estaba venciendo.

Ahora Calicha no podía bajar la guardia.

—No me hables de amistad —le interpeló—. Lo nuestro nunca ha sido una amistad.

—No me hables de tiempo. Lo nuestro mató los momentos felices que hubiéramos tenido si no nos hubiéramos encontrado... O ¿reencontrado? ¿Existen las aldeas? Los campos infinitos de trabajo y hambre? No, no existen tampoco. Existe el horror.

Retal siempre supo cuando Calicha estaba mal. A veces le observaba de lejos, cuando él creía que dormía como

siempre… Y recordó cuántas veces le había reprochado que durmiera demasiado. Que siempre estaba sin poner los pies en la tierra… Absorto en lo suyo. Siempre como ausente. ¿Cuántas veces le había echado en cara que no tenía ilusiones? Y no era así. A veces él solo entrecerraba los ojos pero lo veía cómo miraba al cielo. Observaba sus pasos y cómo movía los brazos, abajo y arriba, como queriendo volar del sitio donde estaban. Otras veces, veía como doblaba sus piernas con mucho trabajo y casi se arrodillaba y escondía su cara entre las manos y se apretaba el vientre como si eso le apaciguara. Llegado ese momento, le daba miedo que estuviera llorando y no poder consolarlo. Porque, en el fondo de su alma, sentía que no podía hacer nada por él. Le daba miedo que lo rechazara, que no confiara en él. Esa fue siempre su duda: ¿Acaso los amarraba algo de verdad?

Calicha alzó de nuevo esa voz que sobresaltaba a Retal.

—Por qué tenías que estar con los ojos entreabiertos observando cuando yo pedía día a día al nuevo sol que me alejara de ti? Despertarme y que hubieras tenido el valor de escapar de este infierno? ¿Tuviste que esperar a que fuera yo el que te dejara? ¿Por qué no despertaste una noche y en vez de buscarme entre sueños apretándote contra mí no te alejaste? Es en ese momento donde deberías haber recordado las palabras de tu abuelo. Haber sentido cómo a pesar de todo tu cuerpo no era un pedazo de carbón hirviendo para mí. ¿Dónde tenías atrapado el valor? —Y se hizo un silencio como si de pronto en una verbena de pueblo apareciera un ser de luz que cubriera el cielo.

El sol había escuchado hasta el mediodía, atrapando los ruidos que pudieran hacer los insectos. Pero la partida de billar siguió. Otra vez el jugador había golpeado sin acertar.

Retal no se rendía. A pesar de que se acercaba a los veinte años su alma de niño a veces se asomaba a su rostro cuando quería que Calicha le prestara atención. Cogió la cantimplora y la agitó. Había agua. Desenroscó el tapón metálico, muy lentamente, como recordando cuando Calicha venía del pequeño arroyo y se la ofrecía rellena de agua fresca, esos días de aquellas fiebres casi mortales. Empezó a hablar mirando a lo lejos, por el mismo recodo que Calicha desapareció aquella mañana.

—Yo te contaba mis cosas —dijo con voz triste— y, a veces, lloraba. También reía delante de ti. Y gritaba… Sí. Gritaba de rabia o de ira. Nunca escondía mis emociones contigo. Ni cuando tuve una pelota rota ni después, aquel día que volvimos a encontramos en las trincheras. Tampoco cuando me pateaban porque sabía que, me escondiera donde me escondiera, acababa tragando polvo. Esos días no me atrevía a acercarme a ti. Temía que me echaras en cara que no me defendía. Me he preguntado siempre sí alguna vez habías amado…

Calicha no levantó el rostro. Seguía mirando la cantimplora metálica a la luz del sol frío y contestó en el mismo tono de Retal.

—¿Si he amado? Puede que sí. ¿Es que tú, que tanto sabes de mí, no puedes contestar a eso?… Si alguna vez he amado no ha sido amor de los que se recuerden para contártelo a ti. Eso te es indiferente. ¿Qué pasó después? No lo sé. Después del tiempo, me cerré a necesitar amor… Ni siquiera quise compañía. Lo mío fue simplemente sexo. Eso sí: sexo fuerte… real. Por favor, no sigas hablándome de esto. ¿Eres la tortura que yo he pedido a la vida? Llegaste y fuiste mi castigo desde tu primer llanto. No debí haberte oído. Debí haber estado tan borracho que me parecieras una pesadilla. No, no soy valiente. Quizás ahí también

conteste a esa pregunta que te martillea como una gota en una piedra de cuánto amé. No amé. ¿O sí? Si hubiera sabido quée es el amor, ahora sabría quién soy… Tampoco me quieras abrir en canal con tus emociones. Te conozco y eso es todo lo que quiero contarte. Y ahora cállate.

A Retal no le extrañó la respuesta de Calicha. No iba a cambiar a estas alturas. Y, sin embargo, siguió insistiendo. Retal tampoco dejaba de ser Retal aunque pasaran los años y hoy disfrutaba martilleando la cabeza de Calicha.

—Pero tú soñabas en voz alta. …Yo acercaba mi oreja a tu boca para entenderte y todo eran lamentos. Nunca conseguí escuchar nada que aclarara por qué estabas tan triste. ¿Qué era? ¿Qué murmurabas en sueños desconocido para mí? ¿Estabas solo? La soledad te corroía por dentro tanto como a mí el que tú no me necesitaras. Nos faltaban muchas cosas, pero, en la noche, siempre he tenido mi cuerpo junto al tuyo. Nos teníamos a pesar de que, con el frío, no podíamos quitarnos la ropa. Esa ropa que en verano nos servía de colchón… y nos reíamos imaginando que era la cama de un albergue desde donde se oía el ruido de un mar que suponíamos muy azul aunque fuera de noche. Jamás dejaste que mis manos acariciaran tu cuerpo entero, ni que mi boca susurrara palabras de olas mientras yo sentía como al final te dormías. Tu respiración no se agitaba como la brisa de verano. ¿No era yo suficiente? ¿No fui yo suficiente? ¿No he sido suficiente?

Calicha se agachó y se cubrió la cara con las manos. Estaba claro que aquella locura había llegado para quedarse. Se levantó todo lo rápido que pudo y se dirigió a Retal hablándole desde la rabia.

—¿Y tú? ¿Nunca vas a tener suficiente? ¿Vas a seguir retorciéndote dentro de mí como una astilla? No tengo que explicarte nada. Te conozco tanto, que no hacía falta

mirarte para ver las lágrimas cruzándote la cara mientras intentabas acariciarme. Dime, ¿acaso te pedí alguna vez que me tocaras? ¿Crees de verdad que si lo hubiera deseado no habría dejado de darte la espalda, de ignorarte? ¿Crees que no te hubiera arrancado la piel a fuerza de abrazos? Habría arañado tu cuerpo hasta que gozaras como lo que eras. Un animal sensible buscando a otro. Un cuerpo joven abierto al deseo. Unos ojos ansiosos equivocados, dilatados ante el sexo. No Retal. No te iba a dar nunca mi cuerpo. A ti no. A ti no. Solo intentaba hacerte ver que no mendigaras más lo único que era mío.

El sol empezaba ya a iniciar su curva desde lo más alto. Sus rayos no terminaban de calentar como otros días. Hoy no hacía falta calor desde donde observaba con tristeza. Retal se mordió el labio inferior y después escupió sobre la tierra para seguir hablando con odio.

—Nunca conseguí que me correspondieras, ni que te volvieras hacia mí para que yo gozara como tú. Te dormías como si te fueras apagando. Tampoco recuerdo si ardía mi boca o mi pecho. No. No pude hacer que tus manos acariciaran lo más secreto… Ahondaran en lo más mío… Sé que mi fuego no era el tuyo… Nunca llegué a arder hasta gritar. Solo hacía frotar mis manos hasta que saltara la chispa para intentar provocar las llamas. Tus llamas. ¿O también vas a negar que intentara vaciarte de amargura? Me sentía inútil. Ni en esas noches me necesitaste. Ni siquiera recuerdo como caías en los brazos del sueño.

Calicha se volvió de espaldas. Ahora sí parecía un espectro. Los hombros hundidos. Los brazos a lo largo del cuerpo y habló para sí.

—No existe el apego, no existe la amistad, no existen los cuerpos ardiendo de deseo. Se acabó la lujuria.

Morder los labios sin saber dónde estos terminan. Penetrar hasta desear que tuvieras que dejarte ir… Sudor y sosiego. ¿Sentiste acaso que alguna vez fue así? Contesta y deja de evadirte con tus sueños estúpidos y tus preguntas de marica. Mírame de verdad y deja de ver lo que quieres ver en esa cabeza sin tiempo.

Retal, dio unos pasos y se colocó delante de él:

—Tú hiciste que el tiempo no fuera tiempo para mí. Solo dormía de día para poder estar toda la noche vigilándote. Eso también me hacía sentir infeliz. Yo quería hacerte falta para vivir todas las horas contigo. Ni siquiera cuando creí que me corresponderías, respondías con un abrazo. Por mucho que yo deseara que tus manos ágiles me recorrieran, ni siquiera me acariciaste con tus pestañas. Ni siquiera sentí la humedad de tu boca. No dejaste que rozara tu espalda, tu cuello, tus nalgas aunque fueran para recordarme que yo no era una aparición… Y, después, tú sueño. ¿O era yo quién te dejaba volar con la brisa del verano?

Calicha no se apartó de Retal. Le miraba a los ojos con clemencia. Estaba cansado.

—No intentes hacerme sentir lástima —dijo Calicha muy despacio—. Nunca me diste pena. Lo hacía porque creí que tenía que protegerte. Si todos los días me levantaba era para que tú te levantaras. Y si yo me hundía y enfermaba, procuraba que no lo notaras. Solo así dejaba de sentir tu servilismo de esclavo. Y aquí estoy escuchándote. Intentando despejar todos los recuerdos detrás de esta tierra que me ahoga, e intentando explicarte que sí eras diferente. Que si yo no te dejaba hacer lo que deseabas aquellas noches interminables, fue porque no te encontraran y te batearan hasta la muerte.

Cuando Calicha acabó de decir aquello volvió a dar la espalda a Retal, se tapó la cara con las manos y empezó

a llorar. Un llanto seco. Sin voz. Retal tuvo el impulso de apartarle las manos pero se contuvo. Con la misma voz de rabia habló.

—¿Por qué no has sido capaz nunca de expresar abiertamente lo que echabas de menos con tanta angustia? —gritó—. No podía ser un hombre. Si hubiera sido un hombre habrías ido en su busca y no te habrías quedado aquí, esperando, tiempo… ¿Una mujer? ¿Sentías el vacío de una mujer lejos de ti? Tampoco lo creo. ¿Quizás era a mí? ¿Necesitabas de mí y te avergonzaba reconocerlo?… ¿O solo te echabas de menos tú y también eras incapaz de reconocerlo?

El día había pasado ampliamente el ecuador. El aire era frío pero más por el hielo de los confidentes.

Se había quedado quieto como esperando la próxima jugada. El joven se acercó a la cantimplora y la agitó. No se la ofreció al otro. Bebió sin pausa. Como el que quiere beber la leche agria, la que esperaba en la respuesta de Calicha, en un solo mal trago.

—Te equivocas… —contestó Calicha, que aguantaba las formas como podía—. Ahí también jugué contigo. Tú no podías ganar la partida de mi vida creyendo que yo me dejaría llevar por ti porque mi cuerpo lo conozco yo. Solo yo. Yo me devuelvo a la vida el tiempo que yo quiera y cuando yo quiera. Si me hubieras acariciado, solo me hubieras hecho sentir un cadáver. Sin embargo, despertaba y estaba aún vivo. No había caído en el fango dónde estoy ahora… ¿Pero explotar de placer? Te equivocas… Eso era solo cuando yo quería y con quién deseara y como yo quisiera, y, por supuesto, sin ti. Jamás has sido tú quién me llevó fuera de mí. No. No te necesité para eso. Me basté conmigo.

Retal sonrió con sarcasmo. Bebió otra vez de la cantimplora y, sin preguntar a Calicha si quería, derramó el

resto del agua en la tierra, mirándolo fijamente. Se secó la boca con la manga y enroscó el tapón muy despacio.

Aquel día que lo subieron al camión, y a pesar de las últimas palabras que le escupió el capataz, respiró. No sabía dónde, ni cuándo... No sabía si se quedaría muerto en un camino o podría ser un héroe. Contra quién ni contra cuantos. Si muerto o herido. Pero sí que su vida había cambiado. Se acabaron las palizas de los canallas que lo despertaban a patadas. Aunque quizás vinieran otras. No más platos de tierra, aunque pudiera ser que ahora no comiera. Pero se acabó ese miedo.... Al menos, ese, se acabó. Entró a formar parte de una batalla que él no sabía donde había empezado, con un uniforme tan pesado como sus propios pensamientos y usado como las botas grandes sin brillo. En su cabeza de niño, cuando alguien hablaba de soldados, pensaba en botas brillantes, negras, brillando al sol del medio día. Y recordaba cada día el número de la placa de metal que le hicieron colgar de su cuello: 731. ¿Qué era 731? ¿Un número del total? ¿El último? ¿Quizás de uno de aquellos ya muertos? ¿Existía el 731? ¿Para quién?

Reencontrarse con el héroe de la tapia fue quizás el mejor momento que había pasado en muchos años. Y estar en el frente hombro a hombro con él, como si la vida le hubiera dado una recompensa por casi los diez años de amargura que había pasado trabajando en aquellos campos. Había llegado de aquel sitio maldito siendo una persona insociable. No quería hablar, rozarse, acercarse a nadie. Aquellos años lo habían trastocado. Y fue allí, en las trincheras de aquella guerra, cuando terminó de saber por qué. No llevaba un hombre dentro. ¿Ese era motivo para esconderse? Lo inundó el miedo. No podía, no podía hacerse ver ni hacerse notar. Aprendió a desaparecer

como un insecto en el barro. En las trincheras se asustaba de todo y todo lo retraía. No. No era timidez. Era desconfianza. Y eso solo podía cambiarlo él. Una mañana les dijeron que formaran junto a las tiendas porque acababa de llegar otro escuadrón. Eran veteranos. Y fue entonces cuando Retal lo vio por encima de los hombros de los demás. Sí, Calicha estaba allí. Después ordenaron que rompieran la formación pero Retal no se acercó a él. Cuando más tarde se cruzaron, Calicha no manifestó sorpresa. A Retal no le importó. Todo sería ahora más fácil. Ya no hizo el intento de estar cerca de él como cuando con los ojos entre cerrados, o con el gesto de los brazos cruzados sobre el pecho, Calicha le daba a entender que se mantuviera lejos. Retal había mantenido ese recuerdo como una punzada continua. No sabía por qué supo hacer el gran papel de su vida. Actor, se dijo de pronto sonriendo ampliamente. Actor. Ese es el hombre que quiero llevar dentro. Actor. Ser uno y todos a la vez y dar poder a cada uno de los personajes de mi vida. Todos valen. Todos son Hombres con mayúsculas. No hay que parecerlo. Somos hombres. Somos actores del papel de nuestra vida.

Los primeros días intentó por todos los medios que no notara su presencia. Quería saber si los abuelos habían muerto de esa forma tan espantosa. Quería saber cuánto tiempo llevaba en las batallas. Necesitaba saber contra quién estaban luchando… ¿Contra quién? Y, sobre todo, quién había oído su petición de volverlo a encontrar algún día.

Calicha pareció despertar de un sueño lejano y a media voz habló casi sin fuerzas.

—No quiero entrar en más miseria. No quiero contarte cómo murieron tus abuelos ni sé que pudo pasar con tu madre. No, no quiero escuchar lamentos de soledad. Tampoco voy a decirte por qué aparecí en ese batallón. Yo

ya era un soldado veterano destacado. Entré en batalla desde el principio de esta guerra. Una guerra horrible solo para matamos entre nosotros. Hermanos contra hermanos. Sí, podía haber sido destinado a cualquier sitio donde se estuviera derramando sangre, fuera el que fuera. Y, sin embargo, fui a parar dónde estabas tú. ¿Qué quieres más de mí? Fui esclavo de las cadenas que yo mismo busqué para encadenarme.

Retal había vuelto a su propia guerra contra Calicha y atacó.

—¿Recuerdas cuando llovía en las trincheras? Una vez llovió tanto que tú, riéndote a carcajadas, te quitaste el casco y la levita. Tenías la camisa pegada a tu cuerpo y te sacaste toda la ropa. Te vi la espalda, los brazos, el pecho… Te reías a carcajadas y restregabas el pelo y la cara con la lluvia como si te frotaras con jabón. El agua corría y tú aprovechabas para, entre risas, enjuagar tu cuerpo. Nadie habría podido ocultar su deseo. Creo que habrían caído en tus brazos. Tus manos son hábiles, ya te lo he dicho. Recuerdo cuando cogías el fusil. Nadie sabía coger el fusil como tú.

Calicha pareció despertar de pronto y se defendió.

—Por eso aquellos días, cuando llovía, yo me desnudaba delante del mundo y no me importaba mostrar mi alegría, sacar mi desparpajo y hacer reír y reír. Por otra parte, disfrutaba viendo cómo te escondías entre la vergüenza y tu poco valor, ¿Por qué tenías qué avergonzarte? Era yo quién se mostraba…. Pero, no. Tú vivías para mí y por mí. Y puedo decirte que hasta dentro de mí.

Retal se sintió dolido otra vez y con voz amarga preguntó.

—De madrugada, alguien del puesto de mando te despertaba para ir a recorrer el terreno en la noche, ¿recuerdas?

Yo me quedaba esperando a que volvieras. Odiaba esas horas. Hubiera asesinado, aunque fuera por la espalda, a esa sanguijuela para que no te llevara. Temía que no volvieras. Separarme de ti y esas horas, era arrancarme las entrañas de celos.

Calicha rio a carcajadas y, casi tocándole el hombro, le espetó.

—Para, Retal —dijo con sorna—. No quiero tener que volver a salvarte. Ya salvé todo tu alrededor. Ya intenté dejar el camino abierto y dejarte a ti fuera de peligro. Sí, fuera de peligro.

Pero Retal continuó como si no lo hubiera oído.

—Recuerdo cuando, en la trinchera, algunos cogían fotos de dentro de sus sacos. Fotos guardadas como tesoros, manoseadas. Reconozco que yo no miraba como los demás. Todo no tiene porqué seguir el mismo patrón. Hay que ser muy valiente. Solo eso. Quizás, como vivo perennemente en la timidez, no he hablado de esto nunca, pero, cuando veía esas fotos había también algunas de hombres y me fijaba en esos ojos inmensos y esos labios expectantes, dios, algo se despertaba en mí. No sé explicarte si aquello que sentía era necesidad o simplemente miedo. Ya sabes tú cómo se las traían con esos temas. Te confieso que, en ese tiempo, nunca supe si una de esas fotos despertaba en mí el deseo de la carne o un deseo más allá de los límites de los cuerpos… cuerpos… Sin embargo, ahora que no sé si estoy vivo o muerto, tengo que confesarte que, aquel día bajo la lluvia, en la trinchera, yo hubiera tocado tu espalda y la curva desde el principio de tus nalgas hasta los muslos. Me parecieron la ladera más perfecta que yo podría recorrer en la vida y en la muerte. Tu pecho inmenso era como las dunas suaves de un desierto virgen donde me hubiera perdido

para no encontrarme. Y no podía evitar bajar la mirada hasta el regalo de tus piernas abiertas como si aquel misterio reclamara mi atención riéndose de mi deseo. Ojalá mis dedos hubieran podido resbalar hasta la unión de tus muslos y perderme allí como si tuviera que hibernar. No me importaba la guerra. Mi batalla estaba allí y la guerra no tenía sentido. Mientras reían tu broma y disfrutaban como en un parvulario, con risas, como las de la orilla de un río mientras las madres lavan la ropa, vigilantes, yo sufrí el peor empaque de esa guerra: mi vergüenza por no poder dejar de mirarte. Quería abrazarte, quería secarte con mi boca, quería tocar cada resquicio y cada pliegue que formaban tus músculos. Ansiaba lo más íntimo para saciar la sed. Creo que nadie se percataba de mi presencia. Fui dando pasos atrás entre las carcajadas, mientras, sin pensarlo, todos empezaron a despojarse de sus uniformes. Nadie me miró. Yo solo ansiaba que la muralla de la trinchera cayera con la lluvia sobre esa estúpida comedia y tú sobrevivieras llorando culpable por la muerte de cuerpos incontables. Al fin y al cabo, tú fuiste quién ideó aquel circo de piel excitada, donde el único dios eras tú.

Calicha escuchó sin interrumpirlo y contestó despacio.

—Me resultaba fácil meterme en un caparazón de sueños y vivir como quería vivir. Allí, en las trincheras, sacaba fuera mi parte oculta. Esa que ni siquiera podía ser solo mía ¿entiendes ahora?… Y necesité el valor, las ganas, y el deseo de salir tal y como de verdad quise. No quiero volver a explicártelo. Tú eras mi cara triste, mi rostro oculto, necesitaba ser yo. Ver cómo te escurrías como una lagartija ridícula era mi mayor diversión. Acaso no notabas que, en el fondo, aquellos movimientos que tanto te excitaban eran para provocarte a ti. A ti, cobarde… Así no saldrías de tu escondrijo. Era una forma

de permitirme soñar las pocas horas de paz que nos dejaban dormir y disfrutar como si fuera verdad. Sí, disfrutar... maldito seas. Era la única forma de que te escabulleras de allí como una rata herida, caliente y herida. Ese momento en el que desaparecías, yo respiraba. Fuera de mi vida. Déjame ser yo. Deja que distraiga a los hombres siendo hombre. Deja de querer mirar y no querer ver. Maldito seas. ¿Por qué naciste parásito de mis latidos y mis emociones? Déjame al menos soñar en mi infierno de cobardes. Déjame soñar. Por siglos. Soñar. Déjame escapar de mí. Por favor... Escapar de mí.

El sol había empezado a caer con tonos violetas, igual que la neblina húmeda que se levantaba desde las zonas algo más verdes, junto al arroyo. Un sol violeta, naranja, azul despejado de cielo, como formando una bandera que no pertenecía a ningún territorio. Un sol exhausto por compartir, con su silencio, el sufrimiento vivo de dos hombres que no habían tenido vida, sin mirarse, sin tocarse, sin ni siquiera mostrar emociones que no fueran para herirse. Un sol que empezó a bajar hasta el horizonte que amanecía, con los mismos retales de colores, y dejando una estela de impotencia. No sabía si llegaría a conocer el final de esa partida de inexpertos, porque en el fondo ¿quiénes son los hombres sino pequeñas luces tenues lanzadas al juego? Terminaba su jornada y daba paso a una noche sin luna donde, ¿por qué no? Era la mejor mesa de juego para la final.

Retal no quería escuchar lo que oía. Su cara se transformó en una máscara joven donde no debía caber tanta rabia y rabiando, dijo:

—¿Me dices entonces que tú ya me conocías y por eso te divertía tanto hacer aquel circo en las trincheras? ¿Para atemorizarme? ¿Para ponerme a prueba? Solo con que me digas sí, entenderé que no eras mi amigo, que no

eras mi compañero, que no eras mi héroe... Que eras simplemente un pedazo de miseria más que vivía de hacer reír a otros sin piedad. Ahora me pregunto ¿tú eres capaz de soñar, Calicha? Yo siempre he soñado... Desde cuando era muy joven. Soñaba que cabalgaba el mejor caballo pero que, sin embargo, lo sentía siempre como yegua. La mejor de toda la cuadra del batallón. Soñaba cómo los escuadrones se formaban en filas y se cuadraban cuando yo pasaba. Pero tú no, Calicha. Tú eres incapaz de soñar. Los sueños son deseos y tú solo vives para hacer sufrir. Maldita sea aquella tapia y aquella aldea.

Calicha respondió como desde una oración no aprendida.

—No existen las guerras ni las batallas. Ni tampoco tú cabalgando en el mejor de los caballos. En tu yegua de hielo.

Retal no se resignaba a tanto dolor y siguió gritando.

—Déjame soñar. No sé ni decir en qué guerra combatí. ¿Por qué, muchas veces, el tiempo se para en mi cabeza y me pide que te deje soñar? Sé que hubo una gran guerra y que ahí luchaban sin sentido. Tampoco sé, si en aquella batalla dónde volvimos a encontrarnos desde aquel día de la aldea, combatíamos cuerpo a cuerpo contra nosotros mismos. Hablando el mismo idioma pero matándonos sin hablar. Es curioso que esa arma se haya usado desde el principio del hombre: matar sin hablar. Es complicado. Tantas veces no me funcionaba bien el reloj que dicen que tenemos en la frente; es complicado... Durante mucho tiempo he querido que me aclararas todas esas dudas, pero tampoco te sabía capaz. Porque, dime, ¿cuántas guerras hemos vivido desde que nos encontramos en aquellas trincheras de juguete?... ¿Una?... ¿Puede que dos? Hay cosas que se me enredan en la cabeza y pienso que quizás

no pasaron. Porque, deja que te pregunte: ¿por qué se fue mi madre? ¿Tenía miedo a las mismas ratas que se comieron a mi abuela y su trocito de carne guardado para mí? ¿Quién me recogió aquel día y no habló? Porque ese día también me mataron sin hablar. ¿Sería aquello otra guerra donde no sonaron las bombas? ¿Pudo ser un sueño sueño? ¿Mi madre me abrazaba a mí contra la toca gris, o se abrazaba ella misma sin saber si la vida estaba gastándole una broma macabra?

Calicha empezó otra vez a pasear alrededor de nada y con voz triste dijo.

—Por favor cállate. ¿No puedes olvidar de una vez esas tormentas que te rugen en la cabeza? ¿Quieres dejar de una vez tus miedos donde acabaron? Ahora estás aquí, ¿no? ¿No eres capaz jamás de estar donde debes? —Y riendo muy fuerte—. Quizás eso sea lo primero que te hace ser hombre. Es buena esa rebeldía después de tanto horror.

Retal respondió sin pensar.

—No. El único miedo que tengo es que te vayas otra vez. Esas trincheras me sirvieron como coraza cuando te vi llegar. Agachaba la cabeza para que nadie notara como estallaba la alegría y me chispeaban los ojos… Tormentas que se mezclan y se mezclan sin control. No sé qué pasa en un momento y qué pasa en otro. Sin embargo, desde que terminó nuestra guerra y llegamos aquí, desde que llegamos aquí, todo pareció que se ordenó en mi pensamiento. Y ¿ahora no juegas conmigo? Recuerdo una tarde cuando avanzaba nuestro escuadrón de guerra y llegamos a un pueblo perdido, hablando de otras cosas distintas a las que hablábamos en las trincheras. Aquel día, bebimos y yo te pregunté sí buscábamos algún sitio donde saciar otro deseo además de la sed. Y creo que el vino esa tarde despertó mi sangre.

El sol casi estaba en el ocaso. Calicha no iba a permitir seguir aquella partida sin fin e intentó cortarla.

—Te repito, ¿por qué siempre has hecho tuyas mis cosas? ¿Por qué mi momento lo hiciste siempre tu momento? Era mío. ¿Acaso te importaba sí yo gozaba con alguien sin fingir? Disfrutabas haciéndome tuyo en esa cabeza sin tiempo y no pensaste que todo era una mentira. Te odiaba. ¡A ti y a tus miradas, a ti y a tus roces, a ti y a tus celos!

Retal lo miró vencido y bajó la voz.

—¿Sabes? Si aquel día que llegamos a aquel pueblo, tú hubieras buscado otro cuerpo, creo que me habría arrinconado junto a la puerta para oírte gemir con otra persona.

Escaparon de aquella guerra un día que las bombas casi caían dentro de las trincheras. Y lo hicieron subiendo por una pared de barro y arrastrándose hasta un cruce de caminos. Pero allí, en aquella estampida, quién no quedó como un cuerpo mirando al sol y pudo ponerse en pie, huyó para distintos sitios. Retal, ni lo dudó. Corrió sin dejar de mirar y seguir las botas de Calicha, preguntándose si escapaban solo de aquella batalla o si había acabado la guerra. Porque ¿dónde estaba el resto? ¿De qué país veníamos? ¿Qué era una victoria? No sabía resolver todo eso, aunque las ideas casi se le habían ordenado. Los sueños cabalgando, donde los escuadrones no se ponen firmes a su paso, han dejado de ser un sueño de orgullo. En ese momento no entendía por qué las calles no se llenaron de gente aplaudiendo y vitoreando al pasar, si ganaron aquella batalla desde las trincheras. Habían ganado. ¿Por qué no encontraron a la gente de la aldea saludando? Se venció o simplemente se ofendió. ¿Venían de conocer cuál fue el fin de esa locura?

Retal siguió entonces hablando en voz alta como si alguien contara una mentira piadosa.

—Vendrían a decir que podíamos salir. O esperabas que aquel mando que te despertaba en la madrugada, apareciera para decirte que todo había acabado y que te sacaría de este escondite. Te elegía a ti y no a uno de las decenas apiñados allí. ¿Te prometió que te sacaría de esto y te has cansado de esperar?

Calicha se había sentado y se recostó sobre los codos. Miró al cielo. Ya estaba oscuro. No podía encontrar inspiración en la oscuridad pero habló desde la penumbra.

—¿De verdad necesitas que te cuente algo más? ¿No te has dado cuenta de que te estoy abriendo en canal? Sí, a ti. Creo que en el fondo no has entendido nada. Quizás ninguno hayamos entendido nada. Pero ahora estamos aquí, esperando. Y no sé siquiera si llegará o no algo que te salve de este maldito desierto.

Retal bromeó aspeando con los brazos. Desde su sitio, Calicha lo vio hecho todo un hombre. Con una risa irónica, Retal dijo.

—¿No es la paciencia la que trae grandes noticias? ¿O quizás no estamos escondidos y este es el sitio de los vencedores? ¿Estaremos esperando otra guerra?… Seguro… Seguro que vendrán a buscamos para que recojamos los fusiles.

Calicha preguntó.

—¿Por qué no has llegado a entender que nunca necesité que por mis venas corriera otra sangre que no fuera la mía?

Retal, contestó con pesar.

—Aquella mañana que dijiste adiós y susurraste que no te siguiera, el aire tenía ese olor dulzón. No te habías movido en toda la noche y, sin embargo, el saco quedó

manchado de un púrpura espeso. Cuando fui después más tarde tras tu rastro, las gotas salpicaban el polvo seco. Me senté y seguí con la vista hasta donde se perdían. No sé si entre sueños, la luz del amanecer me cegó. Lo que sí recordé, al acariciarte con ese adiós sin palabras, sentir como tu sangre caliente corría entre tus piernas. Volví los ojos a mirar mis pasos. No eran pisadas claras. Al final te llevaste mis botas… Por una vez te fui útil. Mis lágrimas volvieron a formar surcos en los mismos surcos que se habían formado con el tiempo en mi cara.

Calicha se reincorporó y por primera vez pudo hablar.

—¿Sin llanto por qué? Tanto llanto ¿para qué? Tantas lágrimas surcándote la cara. Tantos días esperándome. Tantas promesas. Tantas caricias despreciadas. Tanto miedo. Ahora sé que quién pasó los peores momentos no fui yo, fuiste tú. Tú solo para ti. Tú vivías para ti. Me observabas para ti. Me tocabas para ti. Te escondías como un cobarde solo para ti.

Retal se agachó intentando abrazar sus rodillas y una punzada de dolor le recorrió hasta las caderas. Sin embargo, las venas no se marcaban en sus piernas. Eran sus ríos de sangre. Era su cuerpo sucio de fango del arroyo. Miró sus manos sin prisa. No estaban manchadas. Estaban limpias. Tan limpias como cuando se perdía entre los sueños de acariciar el cuerpo de Calicha. Se cubrió la cara esperando verlo arriba de aquella tapia. Fumando. Sin importarte lo que hablara nadie.

Calicha lo oía y no pudo evitar contestar mirándole directamente a los ojos.

—No puedo desterrarte totalmente de mi vida. No… porque sería quitar una parte ahogada en mí. Incluso, si no tuviera aliento, no podría deshacerme del todo de ti. Pero, escucha. Entiéndeme. Necesito paz y la paz solo puedo

conseguirla sin tener cuerdas invisibles. Esas cuerdas que no me dejas cortar. Y ahora ¿qué me cuentas tú, puedo preguntar? Aunque quizás ni debería hacerlo porque yo te conozco mejor que tú. Estoy tragando tierra. Ya no noto la sangre correr. No puedo cerrar los ojos. Me atajan la salida. Me impiden moverme. Los dedos se me han quedado quebrados como los de aquel muñeco de plástico de la escuela que simulaban un esqueleto ridículo de pie. La escuela que nunca pisaste ni jamás rozaste su pizarra negra. Como tampoco aquellos pupitres de madera antiguos. Nunca estuviste allí dentro. Cuando la campana sonaba al medio día, yo bajaba la calle despacio y tenía la certeza de que podría verte salir de allí corriendo con todos los niños. Pero, ahora, así siento mis huesos. Son huesos de plástico. Y me desprecias en este último momento. ¿Sabes acaso cuánto llevo aquí? No has visto la tierra de mis ojos. No has intuido mi sed. Cuando me alejé de tu lado, me fui con miedo… Ese miedo que no me puedo arrancar de las entrañas.

Retal lo miraba incrédulo y casi sin voz pudo decir.

—Tú me pediste que me quedara esperando… y así me he quedado siempre, ¿toda la vida?… Ya no sé si es ya toda mi vida la que espero… o si no estoy vivo y tú estás viviendo por mí. O tal vez estamos muertos. Noooo. Tú no estás muerto. Maldito seas tú y tus mentiras.

Calicha volvió la cara de golpe, escrutando los gestos de Retal.

—Sí —dijo—. Ahora maldice. No hace falta que maldigas ni que te lamentes. Y, aunque lo tuyo es pedir perdón, no lo necesito. Pero si necesitas mi perdón, ya lo tienes. ¿Sabes cuánto me ha podido doler verte como un muñeco roto, sin saber y sin poder ayudarte en lo que te atormentaba, cuándo aquellos niños te pegaban por ser

diferente? Aquellos que te maltrataron en los campos de trigo. ¿Sabes lo que disfruté reventando a aquel monstruo que te mató el alma? Sí. Aquel viejo que te contó la muerte de tus abuelos y que te hirió por dentro y por fuera… Y, sin embargo, no pude apartarte de todos los demás peligros que corrías.

Retal estiró el cuello y echó la cabeza hacia atrás. Abrió los hombros, los brazos y habló.

—Al final lo he conseguido. Fíjate si era fácil. Más fácil que cualquier herida, que cualquier patada o que cualquier insulto… He salido del miedo solo con el desengaño. Has sido tú el que me ha abierto el alma. ¿Sabes acaso lo que es el alma? ¿Al final me has salvado tú? Aquí estoy y abro mis brazos al enemigo. Sea el que sea, luche contra quien luche; ahora ya no me importa, no tengo miedo. Quizás hubiera sido más valiente por tu parte, dejar que aquellos que venían todos los días a buscarme en la aldea me hubieran destrozado. Quizás ahora entiendo muchas cosas y respiro hondo. No me importa ya el enemigo y tampoco quiero saber quién es. No necesito héroes. Solo quiero que te vayas para siempre. Has caído de la tapia. Eres uno más de todos. Me has mentido. Quería demostrarte que yo era distinto. Yo necesitaba querer.

Calicha intentó acercarse y entonces Retal cruzó los brazos tan fuerte como el tono de su voz.

—¿Qué sabes tú de abrir los brazos al enemigo, si yo he estado abriendo los míos para apartarlos de ti? —rugió tan fuerte que el sol desde donde estuviera cerró los ojos—. ¿Hasta ahora no te has dado cuenta de que me apartaba de ti para no marcarte? ¿Hasta ahora no crees que me alejaba de tu lado y montaba un espectáculo barato para que tú estuvieras escondido donde nadie te observara? Dormí siempre en las trincheras donde me encontraran y me

llevaran en la noche antes que a ti. ¿Crees que era fácil mantenerte fuera de mi vista? ¿Crees, de verdad, que no me costaba intentar ser el centro de atención y que vinieran a mirarme, aunque no quisiera mostrarme desnudo delante de ellos? ¿De verdad no has visto nunca cómo lloraba al amanecer por no haber tenido el valor de volverme y abrazarte para evitar tu desprecio? Mi propio desprecio por no ser valiente. ¿De verdad lo he hecho tan mal? ¿He podido mentir tanto? ¿Haberte hecho sufrir tanto por cobardía? Eras tan pequeño. Se te cruzaban las ideas y no conseguías medir el tiempo como dices... No, no podías medir el tiempo. El tiempo se te vino encima antes de que crecieras. El tiempo te machacó, el tiempo te maldijo, el tiempo te maltrató. ¿Hice bien al no haberte abrazado jamás con toda la fuerza y a la vez con la inmensa ternura que solo abrazaría a un niño? No me esperes. Ahora eres libre y fuerte. Has sufrido más de lo que yo hubiera querido. Ahora eres sabio. No te he abrazado nunca. Lo siento. Ese olor dulzón que aún sientes no te dejará nunca. Nunca has estado solo. Siempre he estado en tapias invisibles para ti porque eres lo único que ha tenido sentido. Ahora déjame descansar. También yo soy libre... Piérdete por las aldeas; huye de las cunetas, arrópate fuera de las trincheras... cabalga donde de verdad te hagan sentir como te mereces. Ama sin ruidos y sin llantos. Protégete de los innombrables. Busca tu vida donde no tengas que huir. Sé fiel a lo que eres sin correr peligro. No te arriesgues, ya no. No corras peligro... Eso es lo que quiero para ti. Al fin y al cabo, tú y yo podemos jurar que somos del fondo de la misma tierra. Hasta el último amanecer te quedas con mi aliento. Vete... Déjame descansar... Ahora déjame descansar de ti...

El cielo sigue oscuro. Sin banderas. Sin retales. El joven se ha encogido en su cuerpo como un feto sin llanto.

No hay luna para consolarlo ni nanas con madre. Las botas sucias a las que ha estado acusando durante todo el día siguen mirándolo deformes.

Llorando gritó. Un grito de parto inútil.

—¿Eres mi padre? —rugió.

Silencio. Calicha se había marchado por la misma sombra de donde llegó.

Cuando Calicha estuvo seguro de que Retal no le oía pero el infinito sí, dijo entrecortado.

—No lo sé Retal. No lo sé. Una noche, borracho, tu madre me vio desde la puerta y vino. Estuvimos juntos bajo la tapia hora tras hora calmando nuestro cuerpo de sed y deseo. Desde aquella noche yo subí a aquella tapia todos los días. La puerta de tu casa se abría y cerraba casi todas las noches. Bebían, reían, peleaban… No sé cuantos pudieron entrar y salir durante ese tiempo. Pero yo nunca sentí celos ni deseos. Cuando pasaron los meses y observé cómo se cubría la tripa con esa toca gris, yo sabía que iba a parir. Retal, no sé quién es tu padre, ¿entiendes? —Calicha calló por un momento y siguió—: No sé quién es tu padre Retal, pero ¿entiendes ahora que puedo ser yo? Uno entre diez, entre veinte… qué más da… qué más da si puedo ser yo… Solo sé que aquella noche, los gritos de tu madre abrían el cielo y entré, corté tu cordón, Retal, casi sin miraros a los dos y, cuando ya dormíais, me fui. ¡Dios, Retal!… Puedo ser yo. Como quieres que te adorara como no he podido adorarte, que te deseara como no he podido desearte, que te amara como no he podido amarte si puedo ser yo, Retal… ¡Puedo ser yo! Yo puedo ser tu padre…

Retal, en aquel juego irónico que se permitía con su héroe, hizo por última vez como que no lo oía, recogió la cantimplora y su chaqueta. No miró alrededor. Al pasar

junto al saco volcó sobre la tierra aquellas botas nuevas que robó a un muerto, cayendo ruidosas.

Y dentro, con la única emoción que sintió en su vida, aquella que desconocía de verdad, la de su propia sangre corriendo por otras venas, guardó las de Calicha, echándoselo luego sobre el hombro.

Entonces, empezó a andar.